„Wenn für Gott die Zeit gekommen ist,
kann ihm niemand widerstehen.“

Erfüllung biblischer Prophetie

Wie nahe ist die Wiederkunft unseres Herrn?

Jakob Tscharntke

„Herr, tu meine Lippen auf,
dass mein Mund deinen Ruhm verkündige.“

LICHTZEICHEN VERLAG

Arbeitsgemeinschaft Weltanschauungsfragen e.V.
AG WELT

Jakob Tscharntke

Erfüllung biblischer Prophetie

Wie nahe ist die Wiederkunft unseres Herrn?

1. Auflage 2021

Titelbild: Pixabay, Jeff Jacobs

ISBN: 978-3-86954-466-3

Bestell-Nr.: 548466

Inhaltsverzeichnis

Liebe Brüder und Schwestern, liebe Mitmenschen in Deutschland und überall, wo unsere deutsche Sprache verstanden wird!

Letzten Sonntag hatte ich gesagt: Im Moment deutet vieles darauf hin, dass die globalen antichristlichen Eliten das Coronavirus, das sie möglicherweise selbst zu diesem Zweck freigesetzt haben, nutzen, um die nächsten Schritte zu einer totalitären, antichristlichen Weltherrschaft einzuleiten. Sollte dies so sein, könnte der Tag der Entrückung sehr nahe vor der Tür stehen. Es gilt verstärkt, unsere persönliche Beziehung zum lebendigen Gott zu klären und persönliche Gewissheit darüber zu haben, dass wir dabei sind, wenn die Entrückung der Gläubigen stattfindet. Wir wissen weder Zeit noch Stunde, aber die Zeichen dafür, dass wir diesem Tag mit der Coronakrise einen großen Schritt näher gekommen sind, verdichten sich. Viele schauen in diesen Tagen, zusätzlich zu den Nachrichten in Fernsehen und Zeitung, ins Internet, um sich dort ergänzende Informationen zu holen. Sie wollen genauer wissen, wie sie die derzeitigen Ereignisse einzuordnen haben. Und das ist gut und richtig. Noch wichtiger allerdings als der Blick ins Internet ist der Blick in die Bibel, weil er für ein tiefgreifendes Verständnis des ganzen Geschehens sorgt. Zwar ist auch das andere nicht unwichtig, aber es ist doch immer noch eine recht oberflächliche Betrachtung. Das Eigentliche dessen, was hier geschieht und worauf wir uns vorbereiten müssen, offenbart uns allein Gott in seinem Wort. Deshalb wollen wir unseren Blick auch auf die biblische Prophetie richten und damit auf das, was der allmächtige Gott uns in seinem Wort für diese und die kommende Zeit vorhersagt. Nüchternheit tut dabei not.

Die biblische Prophetie ist einerseits beeindruckend klar und so vielfach nachweisbar erfüllt, dass allein diese Tatsache Grund für jeden denkenden Menschen sein sollte, dem Wort Gottes zu vertrauen und sein Leben in die Hände unseres Herrn Jesus Christus zu legen. Die biblische Prophetie ist andererseits aber zugleich sehr komplex und dadurch, dass sie häufig in bildhafter Sprache einhergeht, im Detail oft nicht einfach zu deuten. Das heißt für Ausleger: maßhalten, beim Wort bleiben und nicht ins Blaue hinein spekulieren. Um für diejenigen einen Einstieg zu bieten, die sich bisher noch nicht intensiver mit biblischer Prophetie befasst haben, beginnen wir heute mit dem Blick auf die bereits erfüllte Prophetie. Wenn der Mensch nämlich erkennt, wie unglaublich präzise sich biblische Prophetie schon in der Vergangenheit erfüllt hat, wird in ihm die Erkenntnis wachsen, dass auch das, was Gottes Wort für die Zukunft vorhersagt, in exakt derselben Präzision und Zuverlässigkeit eintreffen wird. Gott hat uns wichtige Dinge in seinem Wort vorhergesagt, damit wir uns auf das, was kommt, zumindest ein Stück weit innerlich vorbereiten können. Wir müssen dann auch keine Angst vor erschreckenden Ereignissen haben, weil wir wissen, sie müssen nach Gottes Willen geschehen, als Gerichte Gottes über eine gottlos gewordene Menschheit. Wenn diese Dinge eintreffen, ist die Entrückung der Gemeinde und die Wiederkunft unseres Herrn Jesus Christus nicht mehr fern. Deshalb ist es ganz wichtig, dass für uns über allem das Wissen steht, das wir in Lukas 21,28 lesen: ***„Wenn dies alles anfängt zu geschehen, dann seht auf und erhebt eure Häupter, weil sich eure Erlösung naht.“*** Möglichst jeder sollte wissen, dass auch er zu den in Jesus Christus Erlösten gehört, die bei der Entrückung der Gemeinde mit dabei sein werden. Das ist das Hauptziel aller meiner Verkündigung des Wortes Gottes sowie der Wunsch, dass jeder, der diese Gewissheit für sich noch nicht hat, durch eine klare Entscheidung für ein Leben mit Jesus Christus zu diesem Wissen kommt. Dazu möge auch diese Predigtreihe beitragen.

Teil 1

Lukas 21,20-28:
„Wenn ihr aber Jerusalem von Kriegsheeren belagert sehet, alsdann erkennet, dass seine Verwüstung herbeigekommen ist. Alsdann, wer in Judäa ist, der fliehe in die Berge; und wer drinnen ist, der entweiche daraus; und wer auf dem Lande ist, der gehe nicht hinein. Denn das sind Tage der Vergeltung, dass alles erfüllt werde, was geschrieben steht. Wehe aber den Schwangeren und den Säugenden in jenen Tagen, denn es wird große Not auf Erden sein und Zorn über diesem Volk! Und sie werden fallen durch die Schärfe des Schwerts und gefangen weggeführt werden unter alle Völker; und Jerusalem wird zertreten werden von den Heiden, bis die Zeiten der Heiden erfüllt sind. Und es werden Zeichen geschehen an Sonne und Mond und Sternen und auf Erden werden Völker bange sein in Ratlosigkeit vor den Brausen des Meeres und der Wasserwogen und die Menschen werden verschmachten vor Furcht und Erwartung der Dinge, die kommen sollen auf Erden; denn die Kräfte der Himmel werden erschüttert. Und dann werden sie des Menschen Sohn kommen sehen in einer Wolke mit großer Kraft und Herrlichkeit. Wenn aber dieses anfängt zu geschehen, so seht auf und erhebet eure Häupter, weil sich eure Erlösung naht.“

Ein kurzer biblischer Grobabriss der Ereignisse

Die Erfüllung biblischer Prophetie ist ein zutiefst faszinierendes Gebiet. Wir können lesen, wie vor Tausenden von Jahren in der Bibel bestimmte Ereignisse vorhergesagt wurden. Dann schlagen wir heute unsere Geschichtsbücher oder unsere Zeitung auf und sehen, wie die Prophetie der Bibel Geschichte geworden ist und noch in unseren Tagen Geschichte wird. Wir leben heute in der Zeit, in der sich in ganz besonderer Dichte und Eindeutigkeit Dinge ereignet haben und ereignen, die

Gott in seinem Wort für den letzten Abschnitt dieser Weltzeit angekündigt hat, für die sogenannte Endzeit.

Mit dem Begriff *Endzeit* ist nicht die Rede vom Ende dieser Welt, sondern davon, dass unser Herr Jesus Christus am Ende dieser Weltzeit, dieses Äons, sichtbar wiederkommt, um auf dieser Erde sein 1000jähriges Friedensreich zu gründen. Erst *danach* kommt das Ende dieser Erde und Gott schafft einen neuen Himmel und eine neue Erde, auf der wir dann alle hoffentlich dabei sein werden. Der Begriff *Endzeit* meint unter anderem, dass die Zeit der Entscheidung für uns Menschen zu Ende geht. Gott hat uns Menschen ja geschaffen, um mit ihm in einer persönlichen Beziehung zu leben,[1] aber durch die Sünde hat der Mensch diese Gemeinschaft zerstört. Er hat Gott nicht vertraut und seinem Wort nicht gehorcht; deshalb musste er daraufhin den Garten Eden, den Ort der persönlichen Gemeinschaft mit Gott verlassen. Der Mensch wurde hinausgetrieben. Viele Jahre später hat sich Gott das Volk Israel berufen, die Nachkommen Abrahams, Isaaks und Jakobs. Er wollte an diesem Volk beispielhaft zeigen, wie ein Volk unter dem Segen Gottes leben kann, wenn es auf Gott vertraut und seinem Wort gehorcht. Leider hat das Volk Israel darin total versagt, deshalb sandte Gott nach vielen Propheten, durch die er sein Volk zur Umkehr rief, schließlich seinen eingeborenen Sohn, Jesus Christus. Er ist kein anderer als der Mensch gewordene Gott, Jahwe selbst. Gott selbst kam in diese Welt, um sich für unsere Sünden ans Kreuz schlagen zu lassen. Er nahm unsere Schuld und sein Zorngericht über unsere Schuld auf sich, damit alle Sünde dieser Welt bestraft ist, wie es seine göttliche Gerechtigkeit erfordert. Weil sein eigenes Volk ihn abgelehnt hat, wurde es aus dem verheißenen Land vertrieben und unter alle Völker der Erde zerstreut. Die Zeit Gottes mit seinem auserwählten Volk Israel pausiert im Prinzip von da an und es beginnt *die Zeit der Nationen* - die Zeit, in der

[1] Darauf bin ich in der Predigt zur biblischen Heilsgeschichte am 09.10.16, unter dem Thema „Gottes wundervolle Fürsorge“ eingegangen. Interessenten finden diese Predigt unter dem entsprechenden Datum im Predigtarchiv unserer Evangelischen Freikirche Riedlingen bzw. unsres Netzwerks bibeltreuer Christen Jacob Tscharntke e.V.

Gott die Menschen aller Völker einlädt, wozu er seit Abraham sein auserwähltes Volk berufen hatte - nämlich ihm zu vertrauen, mit ihm zu leben und ihm zu gehorchen, um damit heute und in Ewigkeit unter seinem Segen zu leben.

Heute ergeht das Wort Gottes an alle Menschen der Erde und ruft sie zur Umkehr; weg von einem Leben ohne ihn und hin zu einem Leben im Vertrauen und in der Gemeinschaft mit dem allmächtigen Gott. Die Bibel nennt diesen Zeitraum auch die *Zeit der Gnade.* In dieser Zeit will Gott nicht, dass Menschen auf Grund ihrer Sünden umkommen. Das ist ja auch unnötig, denn Gott hat die Strafe für unsere Sünde schon getragen. Jeder braucht nur zu kommen, ganz ohne eigene Leistung. Die Tür ins himmlische Vaterhaus steht heute noch sperrangelweit offen, aber diese Zeit der Gnade wird zu Ende gehen. Das meint der Begriff *Endzeit.* Die Menschen werden sich immer mehr von Gott und seinem Wort abwenden und das Böse, die Lüge, Täuschung und Verblendung werden in unvorstellbarem Maße überhand nehmen. Dies ist exakt das, was wir seit einigen Jahren erleben. Ich bin jeden Tag aufs neue entsetzt darüber, was für ein Geist der Lüge auf der einen und ein gewaltiger Geist der Verblendung auf der anderen Seite unter den Menschen dieser Tage herrschen. Wahrhaftigkeit und Erkenntnis sind Mangelware geworden, das Böse tobt sich immer weiter aus. Schlussendlich wird das Böse dabei so totale Ausmaße annehmen, dass Gott diese Zeit am Schluss noch verkürzt, um diejenigen, die zu ihm gehören, durch die Entrückung von dieser Erde wegzunehmen, damit nicht auch die Auserwählten am Ende durch diese Macht des Bösen noch verführt werden. Ja, so gewaltig wird diese Macht sein.

Im Reich des Antichristen, der dann eine weltweit offene Empörung gegen Gott anführt, wird das Böse zur ultimativen Gerichtsreife auswachsen. Nach, Gott sei Dank, nur wenigen Jahren der totalen Herrschaft des satanisch Bösen auf dieser Erde, wird Christus dann sichtbar wiederkommen - in Macht und Herrlichkeit! Er wird den Antichristen und seine Anhänger durch sein machtvolles Wort vernichten und Satan für 1000 Jahre in den Abyssos werfen. Nach einer rund 2000-jährigen Unterbrechung nimmt Christus die Geschichte mit seinem Volk Israel dann wieder auf. Das sagt Jesus auch ganz deutlich in den erwähnten Versen aus Lukas 21: ***„und sie werden weggeführt werden, fallen durch die Schärfe des Schwertes, gefangen weggeführt unter alle Völker und Jerusalem wird zertreten werden von den Heiden."*** Jetzt sagt er aber nicht: *„bis in alle Zeit und Ewigkeit"*, sondern diese Zeit, in der Jerusalem von den Heiden zertreten wird, ist begrenzt durch die *Zeit der Gnade*, ***„bis die Zeit der Heiden erfüllt sein wird***." An anderer Stelle sagt die Bibel: ***„bis die Fülle der Heiden eingegangen ist."***

Dann wendet sich Gott seinem eigenen Volk wieder zu; darin lässt die Bibel überhaupt keinen Zweifel. Das kann auch nicht anders sein, denn Gott sagt in Römer 11,29 ganz ausdrücklich im Blick auf das Volk Israel: ***„Denn Gottes Gaben und Berufung können ihn nicht gereuen."*** Auf Grund dessen muss er, um seiner Treue und seines heiligen Namens willen, sein auserwähltes Volk an das Ziel seiner Berufung bringen. Gott gibt auch mit seinem Volk Israel nicht irgendwann verzweifelt auf, er bringt dieses Volk ans Ziel. Im 1000-jährigen Reich wird es dann so unter der Herrschaft Christi leben, wie Gott es von Anfang an haben wollte: als ein lebendiges Zeugnis der Liebe und Fürsorge Gottes für die Völker der Erde.

Soweit ein kurzer biblischer Grobabriss der Ereignisse, damit wir den Rahmen und Spannungsbogen sehen, in dem die bereits erfüllte biblische Prophetie einzuordnen ist, und dann auch in den weiteren Predigten erfahren, was auf uns in nächster Zeit noch zukommt.

Beispiele erfüllter Prophetien

Es würde unzählige Stunden füllen, die vielen bereits erfüllten Prophetien im Alten Testament aufzuzählen. Ich will mich deshalb auf einige Beispiele von heilsgeschichtlich zentraler Bedeutung konzentrieren. Einer der bedeutendsten Propheten des Alten Testaments war Daniel. Er lebte vom Ende des 7. bis weit vor Ende des 6. Jahrhunderts vor Christus hinein. Sein Zeitgenosse, der Prophet Hesekiel, erwähnt Daniel dreimal und rühmt seine außergewöhnliche Weisheit. Daniel sieht in den Kapiteln 2, 7 und 8 die vier großen Weltreiche voraus. Er ist also jener Prophet, der ganz besonders viel im Blick auf die Heilsgeschichte insgesamt und die Geschichte der Menschheit bis ganz zum Ende der Zeit gesehen hat. Er sieht die vier großen Weltreiche voraus, die gerade zu seiner Zeit mit dem neubabylonischen Weltreich des Königs Nebukadnezar begonnen haben. Das ist das Erste. Er weiß vom noch kommenden Weltreich der Meder und Perser, er weiß auch vom dritten Reich der Griechen, er weiß von Alexander dem Großen und der atemberaubenden Geschwindigkeit, mit der dieser sein Reich erobern wird. Er weiß vom Zerbruch dieses Reichs in vier Diadochenreiche und er sagt das kommende vierte Weltreich der Römer voraus. Wie wir in Daniel 2 lesen, sieht er darüber hinaus nicht nur über Jahrhunderte, sondern zugleich über Jahrtausende hinweg. Daniel sieht in jene ferne Zukunft, in welcher der „Fels" Jesus Christus kommen, sein eigenes Friedensreich auf dieser Erde aufrichten und die Reiche dieser Welt zerschlagen wird. Dabei sind zum Beispiel seine Vorhersagen in Kapitel 1, über die Zeit vom Perserkönig Kyros bis zu *Antiochos IV*. Epiphanes, eine Spanne von immerhin vier Jahrhunderten, so exakt und so präzise eingetroffen, dass sich die bibelkritische Theologie nicht anders zu helfen weiß als zu behaupten: Daniel habe erst im 2. Jahrhundert vor Christus gelebt. Es sei sonst unmöglich, dass jemand so genau über so viele Jahrhunderte im Voraus Dinge vorhersagen könne. Es gibt geschichtlich aber überhaupt keinen Grund daran zu zweifeln, dass Daniel im 6. Jahrhundert, also vier Jahrhunderte vorher, gelebt hat. Zu behaupten, Daniel habe erst im 2. Jahrhundert vor Christus gelebt, ist schlicht ein Akt des Unglaubens, der es sich zur Voraussetzung gemacht hat, nicht zu glauben, dass Gott ein allmächtiger Gott ist. Nicht zu glauben, dass dieser die Erde geschaffen hat und Wunder vollbringen könnte, und dann eben auch nicht zu glauben, dass dieser allmächtige Gott durch seine Propheten zuverlässig kundtun könnte, was in Zukunft geschehen wird.

Wenn wir heute auf große Teile unserer Kirchen, Freikirchen und freien Gemeinden sehen und die sogenannte Theologie und Lehre, die dort getrieben wird und herrscht, dann müssen wir wissen, dass es weithin eine Theologie ist, wortwörtlich eine Lehre von Gott, die es sich zur Denkvoraussetzung gemacht hat, davon auszugehen, dass es keinen Gott gibt. So völlig absurd, widersinnig und verrückt sich das anhört, genauso ist es. Der ganz große Teil unserer heutigen Theologen betreibt die Lehre von Gott unter der Voraussetzung dass es keinen Gott gibt. Erst wenn wir das begriffen haben, können wir auch begreifen, worin der tiefere Grund für die dramatischen Fehlentwicklungen unserer heutigen Zeit ist. Wenn von Gott *noch* die Rede ist, so ist in der Regel ein selbst gezimmerter Götze gemeint, den man sich nach seinen eigenen Gedanken entworfen hat. Man glaubt nicht mehr an den lebendigen, allmächtigen Gott der Bibel und redet deshalb auch nicht von ihm. Dann aber kommt man natürlich mit der Prophetie in Schwierigkeiten, denn tatsächlich setzt zuverlässig erfüllende Prophetie einen allmächtigen Gott voraus; einen uneingeschränkten Herrscher über alles, was heute und in Ewigkeit geschieht. Nur *weil* Gott der Allmächtige ist und über Raum und Zeit steht, kann er uns auch in absoluter Zuverlässigkeit sagen, was in Jahren, Jahrzehnten oder auch Jahrtausenden, vom Standpunkt des jeweiligen Propheten aus, geschehen wird. Im gesamten Kosmos, in der gesamten sichtbaren und unsichtbaren Welt gibt es keine Macht, die ihn hindern könnte, das zu tun, was er sich vorgenommen hat. Das erfüllt uns Christen, die wir uns als Gotteskinder und in seinen väterlichen Armen geschützt und geborgen wissen dürfen, mit einer großen Zuversicht. Wir wissen, es wird nie der Augenblick eintreten, in dem unserem himmlischen Vater die Zügel entgleiten würden. Er wird bis zum Ziel alles so ausführen, wie er es sich vorgenommen hat, wie es unserem Heil und seiner Ehre dient. So finden sich allein im Propheten Daniel über 200 prophetische Aussagen, die sich bisher exakt und durch historische Quellen nachweisbar erfüllt haben. Außerdem finden wir bei Daniel viele weitere Prophetien, deren Erfüllung vermutlich sehr nahe bevorsteht.

Nun hat die biblische Prophetie naturgemäß zwei ganz besondere Schwerpunkte:

Erstens: das Mensch gewordene Kommen Gottes zum Heil der Welt. Das ist bereits vor 2000 Jahren in Jesus Christus geschehen, als er im Stall von Bethlehem geboren wurde.
Zweitens: das Kommen Gottes zum Gericht über die gottlose Menschheit und zur Errichtung seines Friedensreichs auf dieser Erde. Diesem zweiten Ereignis, liebe Gemeinde und liebe Mitmenschen, sind wir sehr nahe.

Ein Gewitter kündigt sich ja häufig durch einen starken Wind an. Er kommt schon oft geraume Zeit, bevor die ersten Blitze zucken und der Donner kracht. Dieser „Wind der Endzeit“ bläst uns längst um die Ohren, so habe ich es vor 12 Jahren bei einem Vortrag über dieses Thema formuliert. Heute würde ich sagen, dass wir viel weiter sind. Wir spüren nicht nur den Wind blasen, der das nahende Gewitter ankündigt, sondern wir sehen längst, spätestens seit 2015, die ersten Blitze zucken und hören die Donnerschläge der hereinbrechenden Endzeitkatastrophen krachen. Ich leite daraus keine Prognose darüber ab, wie schnell sich alles entwickeln wird, aber ich denke, jeder aufmerksame Christ spürt, dass wir an einen hochdramatischen Punkt angelangt sind. Eine Prognose jedoch wage ich: Es wird sich in den kommenden Monaten oder maximal wenigen Jahren entscheiden, ob sich noch einmal Menschen zum lebendigen Gott hinwenden und er uns noch einmal eine Gnadenzeit auf dieser Erde schenkt, oder ob diese Zeit der Gnade jetzt im Zeitraffertempo dem Ende zu geht und wir mit atemberaubender Geschwindigkeit dem Offenbarwerden des Antichristen und der Entrückung der Gemeinde unaufhaltsam entgegen rasen. Wir werden in den weiteren Predigten sehen, wie nahe wir an diesen Ereignissen schon dran sind. Gottes Wort sagt uns das ganz deutlich.

Heute schauen wir nicht nach vorn, sondern auf die bereits erfüllte Prophetie zurück. Wir beginnen mit dem ersten Kommen Jesu. Soweit ich weiß, wurde kein anderer Religionsstifter von den Propheten angekündigt. Das Alte Testament jedoch ist voll von Weissagungen auf Jesus hin. Es gibt Autoren, die über 300 Prophezeiungen im Alten Testament anführen, die auf Jesus hinweisen und sich in seinem Kommen vor 2000 Jahren bereits erfüllt haben. Ich will einige wenige davon erwähnen.

Nach Tausenden von Kilometern stehen die Weisen aus dem Morgenland vor König Herodes. Sie haben seinen Stern gesehen und fragen den Herodes nach dem neugeborenen König der Juden. Herodes trifft schier der Schlag. Eilig ruft er die hohen Priester und Schriftgelehrten und fragt: ***„Wo soll der Christus geboren werden?“*** und sie wissen die Antwort. Nämlich fast 750 Jahre vorher hat Gott genau das seinem Propheten Micha offenbart. ***„Und du Bethlehem im jüdischen Land, aus dir soll mir der kommen, der in Israel Herr sei“*** (Micha 5,1). Daraufhin gehen die Weisen aus dem Morgenland nach Bethlehem und finden dort den neugeborenen König der Juden, mit Windeln gewickelt in der Krippe liegend, und beten ihn an. Genauso wie es Gott 750 Jahre zuvor in seinem Wort vorhergesagt hat. Die Heilungswunder Jesu als Kennzeichen dafür, dass er der verheißene Messias ist, kündigte Gott u.a. durch seinen Propheten Jesaja an: ***„Alsdann werden die Augen der Blinden und die Ohren der Tauben geöffnet werden. Dann werden die Lahmen springen wie ein Hirsch und die Zungen der Stummen werden Lob sagen“*** (Jesaja 35,5-6). Selbst seine schlimmsten Feinde im jüdischen Volk haben anerkannt und bestätigt, dass Jesus Kranke geheilt hat. Historisch kann daran überhaupt nicht der geringste Zweifel bestehen; es ist genau so, wie Gottes Wort es gesagt hat.

Fast jeder von uns kennt den Bericht von Jesus beim Einzug in Jerusalem auf einem Esel, exakt so wie es 500 Jahre zuvor durch den Propheten Sacharja vorhergesagt war: ***„Siehe, dein König kommt zu dir sanftmütig und reitet auf einem Esel und auf dem Füllen einer Eselin" (***Sacharja 9,9). Die Erfüllung wird in Matthäus 21,4f berichtet. Zugleich wird hier deutlich, dass Jesus kein anderer als der lebendige Gott Jahwe ist, wenn es heißt: ***„Siehe, dein König kommt zu dir."*** Es gibt über dem Volk Israel keinen wirklichen König als nur den lebendigen Gott.

Zwei Kapitel später, in Sacharja 11,12 sind gleich drei Einzelheiten genannt, die genauso in Erfüllung gingen: ***„Sie wogen dar, wie viel ich Wert bin*** (sagt der Herr), ***30 Silberlinge*** (das erste Detail), ***und ich nahm die 30 Silberlinge und warf sie in das Haus des Herrn*** (das zweite Detail), ***dass es dem Töpfer gegeben würde*** (das dritte Detail)***."*** Für 30 Silberstücke hat Judas seinen Heiland dem Hohen Rat ausgeliefert und ihn verraten. Später wollte er dieses Blutgeld nicht mehr haben und es dem Hohen Rat zurückbringen, aber der wollte es auch nicht haben. Daraufhin nahm Judas das Geld und warf es in das Haus des Herrn. Es geschieht also genauso, wie es die Prophetie sagt. Jetzt hat es der Hohe Rat wieder vor den Füßen liegen, will es aber nicht behalten und kauft dafür den Töpferacker zum Begräbnis für die Fremden. Dies ist alles bei Matthäus 27 nachzulesen. Alles geschah genauso, wie es Gott bereits 500 Jahre zuvor angekündigt hatte: ***„Sie wogen dar, wie viel ich Wert bin, 30 Silberlinge. Ich nahm die 30 Silberlinge, warf sie ins Haus des Herrn, dass es dem Töpfer gegeben würde."***

Bei der Kreuzigung teilten die römischen Soldaten Jesu Kleider unter sich auf. Es war römischer Brauch, dass das Hinrichtungskommando den Besitz, den der Todeskandidat bei sich trug, untereinander aufteilte. Da das Untergewand von Jesus aber von hoher Qualität und aus einem Stück gewoben war, teilten sie es nicht, sondern würfelten darum. Genau das sagt Gottes Wort in Psalm 22,19 ***„Sie teilen meine Kleider unter sich und werfen das Los um mein Gewand."*** Der heilige Rock von Trier soll der Überlieferung nach genau dieses Gewand sein, das sie nicht zerteilt haben, weil es aus einem Stück gewoben war. Aber wir beten solche Gegenstände nicht an, denn daraus wird Götzendienst und raubt Gott die Ehre. Wir dürfen uns aus geschichtlichen Gründen jedoch daran erfreuen. Ich finde es immer wieder faszinierend, wie greifbar Gottes Handeln in dieser Welt oft ist, und es spricht in der Tat historisch einiges dafür, dass zumindest ein Rest an Originalfasern, die am Trierer Rock noch vorhanden sind, zu diesem Gewand gehören, welches unser Herr Jesus einst als Untergewand getragen hat und um das die Soldaten unter seinem Kreuz gewürfelt haben.

Um sicher zu gehen, dass er wirklich tot ist, stechen ihn die römischen Soldaten mit der Lanze in die Seite. Das hat Gott in Sacharja 12,10 vorhergesagt: ***„Und sie werden mich ansehen, den sie durchbohrt haben."*** Dieser Stich mit der Lanze in die Seite Jesu wird zugleich zu seinem Erkennungszeichen für den endzeitlichen Rest seines Volkes. Wenn Christus möglicherweise schon bald wiederkommt, dann wird der winzige Rest des Volkes Israel, welcher die Endzeitgerichte Gottes überlebt haben wird, nach oben sehen. ***„Siehe, er kommt in den Wolken und es werden ihn sehen alle Augen und die ihn durchbohrt haben",*** sagt Offenbarung 1,7 genauso wie Sacharja 12,10. In diesem Augenblick wird der Rest des Volkes Israel erkennen, dass sie 2000 Jahre zuvor ihren Messias ans Kreuz schlagen ließen und dass sie all das Leid, das sie in den vergangenen 2000 Jahren erleiden mussten, durch diese Tat selbst auf sich geladen haben. Auch dieses Leid hat Gott im Alten Testament unzählige Male angekündigt. In der Predigtreihe über die biblische Heilsgeschichte sind wir dem nun schon oft begegnet. So hieß es, dass wenn sein Volk hartnäckig auf gottlosem Wege bleibt, dann würde er es aus dem verheißenen Land vertreiben und unter alle Völker der Erde zerstreuen lassen. So lesen wir zum Beispiel schon in 3.Mose 26,31-33: ***„Und ich werde eure Städte zur Öde machen"***, die doch die Verheißung haben, ein Land zu sein, in dem Milch und Honig fließen. So wäre es, wenn es unter Gottes Segen läge, aber jetzt, unter dem Fluch, will Gott sie zur Öde machen und ***„euer Heiligtum*** (nämlich den Tempel in Jerusalem) ***verwüsten. Euch aber werde ich unter die Nationen zerstreuen."***

5. Mose 28,64-67: ***„Und der Herr wird dich unter alle Völker zerstreuen, von einem Ende der Erde bis zum anderen Ende der Erde. Und unter jenen Nationen wirst du nicht rasten und deine Fußsohle wird keine Ruhestätte finden und der Herr wird dir daselbst ein zitterndes Herz geben, erlöschende Augen, verschmachtende Seele und dein Leben wird schwebend vor dir hangen*** (also immer in absoluter Todesgefahr) ***und du wirst dich fürchten Tag und Nacht."***

Der Herr sagt seinem Volk hier nicht nur eine Zerstreuung unter alle Völker der Erde voraus, er sagt ihm zugleich, dass es unter diesen Völkern heimatlos und in ständiger Angst leben wird. Wir wissen, wie brutal sich dies über zwei Jahrtausende hinweg durch viele Judenverfolgungen in allen Ländern dieser Erde erfüllt hat und noch bis heute erfüllt. Denken wir nur an Paris und Berlin, wo Juden sich, als solche erkennbar, indem sie etwa eine Kippa tragen, auf Grund eines verbreiteten und vor allem islamischen Judenhasses kaum auf die Straße trauen dürfen. Diese Zerstreuung unter alle Völker stand zu Jesu Zeit allerdings noch aus, aber er hat sie mehrfach bestätigt. Zum einen im Gleichnis vom Weinbergbesitzer. Da sagt er den jüdischen Führern, dass wenn sie ihn, den Sohn Gottes, ablehnen und töten lassen, dann wird der Weinbergbesitzer - nämlich Jahwe - kommen und die Weingärtner – sein auserwähltes Volk Israel - umbringen und den Weinberg - das verheißene Land - anderen geben (Markus 12,12). In Matthäus 24 kündigt Jesus an, wie und wann dies geschehen wird. Er verlässt gerade mit seinen Jüngern den Tempel in Richtung Osten, möglicherweise durch das goldene Tor hinaus, und sagt zu ihnen, indem er auf den Tempel deutet: ***„Seht ihr nicht dies alles?*** (diese ganze Pracht und Herrlichkeit) ***Wahrlich, ich sage euch: Hier wird kein Stein auf dem anderen bleiben, der nicht abgebrochen wird."*** Danach geht er mit ihnen durch das Kidrontal und auf der anderen Seite den Ölberg hinauf. Dieser ist höher als der Tempelberg und man hat von dort einen hervorragenden Blick auf den Tempelberg sowie damals eben auch noch auf den Tempel, der noch stand. Dort angekommen, fragen ihn die Jünger: ***„Sag uns, wann wird das sein und was ist das Zeichen deiner Ankunft und der Vollendung des Zeitalters?"***

Wenn wir alle drei Evangelien, Matthäus 24, Markus 13 und Lukas 21, die davon berichten, zusammen nehmen, dann stellen die Jünger hier genau vier Fragen.

1. Wann wird die Zerstörung des Tempels stattfinden?
2. Was wird das Zeichen, das dieser Zerstörung des Tempels vorausgeht, sein?
3. Was ist das Zeichen deiner Wiederkunft?
4. Was ist das Zeichen der Vollendung dieses Zeitalters? - der Endzeit.

Die ersten beiden Fragen betreffen zugleich die Zerstreuung des Volkes Israels unter die Völker der Erde und damit den *Beginn* der Zeit der Nationen. Die beiden letzten Fragen betreffen das *Ende* der Zeit der Nationen, mit der Wiederkunft Jesu und der Wiederherstellung des Volkes Israels. Zwischen den Ereignissen der Fragen 2 und 3 liegen also die rund 2000 Jahre der Gemeinde.

Es geht zunächst um die Frage: Wann wird der Tempel und mit ihm die Stadt Jerusalem zerstört?, als auch damit verbunden: Wann wird das Volk Gottes aus dem verheißenen Land vertrieben und unter alle Völker der Erde zerstreut werden? In der Parallelstelle Lukas 21 gibt Jesus dazu einen ersten wichtigen Hinweis. Dort sagt er in Vers 12: ***„Vor diesem allen aber*** (ganz wichtig das Wörtchen „vor“, nämlich bevor der Tempel zerstört wird und bevor die Zerstreuung des Volkes Gottes stattfindet) ***werden sie ihre Hände an euch legen und euch verfolgen, indem sie euch an die Synagogen und Gefängnisse überliefern, um euch vor Könige und Statthalter zu führen um meines Namens willen.“*** Jesus sagt voraus, das Erste ist, dass euch eure eigenen jüdischen Volksgenossen verfolgen werden. Markus 13,9, eine Parallelstelle, bestätigt das: ***„Denn sie werden euch an den Sanhedrin*** (der Hohe Rat, die Vorstandsgremien der Juden) ***und an Synagogen*** (die jüdischen Versammlungsstätten) ***überliefern.“*** Tatsächlich ging die erste brutale Verfolgungswelle gegen die christliche Gemeinde von den Juden aus. Zum einen haben sie die Gemeinde selber direkt verfolgt und zum anderen haben sie die römische Obrigkeit aufgestachelt, um die Gemeinde Jesu zu verfolgen. Der spätere Völkerapostel Paulus wirkte hier an vorderster Front mit. Stephanus wurde hier als erster Märtyrer von seinen eigenen Volksgenossen gesteinigt. Von Paulus wissen wir, wie er vor Königen, Statthaltern und vor dem Kaiser stand, genauso wie Jesus es vorhersagt. Das ist das erste Zeichen, das Jesus seinen Jüngern gibt, noch bevor der Tempel zerstört werden wird: die Verfolgung durch ihre eigenen Volksgenossen.

In Lukas 21,20f fährt Jesus mit dem Hinweis fort: ***„Wenn ihr aber Jerusalem von Heerscharen umzingelt seht, dann erkennt, dass seine Verwüstung nahe gekommen ist.“*** Mit diesem Hinweis verbindet Jesus auch die Aufforderung zur Flucht. Er sagt: ***„Dann sollen die in Judäa auf die Berge fliehen, und die, die in seiner Mitte sind*** (nämlich die Mitte der Stadt Jerusalem), ***daraus fortgehen, und die, die auf dem Land sind, nicht dort*** (nämlich nicht nach Jerusalem) ***hineingehen.“*** Sie sollen nicht dem Irrtum verfallen, Jerusalem, eine mächtige, mit drei Mauern umgebene Stadt würde uneinnehmbar sein. Diesem Irrglauben sind viele aufgesessen. Josephus lässt uns wissen, dass über eine Million Menschen jämmerlich umgekommen sind, weil sie nach menschlicher Logik gemeint haben, in der Stadt sicher zu sein. Jesus aber sagte: Nein! Sie wird fallen, sie wird vernichtet werden, flieht, wenn ihr all das seht. Als Antwort auf einen jüdischen Volksaufstand schickte Kaiser Nero einen seiner besten Feldherren, den Vespasian, der auch Britannien erobert hat. Dieser kreiste im Verlauf des Jahres 68 Judäa und die Stadt Jerusalem mehr und mehr ein. Dann kam eine Zäsur und im Sommer 68 beging Kaiser Nero Selbstmord. Der große Feldherr Vespasian wurde von einem großen Teil des römischen Heeres zum neuen Kaiser ausgerufen und ging daraufhin umgehend nach Rom zurück, um dort in der zentralen Hauptstadt seinen Anspruch auf den Thron durchzusetzen. Jerusalem blieb weiter von den Heerlagern umzingelt, aber der Krieg stockte. Die Christen erkannten, dass jetzt genau die Situation eingetreten war, die Jesus vorhergesagt hatte. Sie flohen in Massen aus Jerusalem und Judäa hinaus, vor allem nach Osten, nach Pella, jenseits des Jordan. Wie gesagt - es war an sich von der menschlichen Logik her nicht anders zu erwarten. Jerusalem war eine mächtige und befestigte Stadt, in der viele eigenen jüdischen Soldaten lebten. Jesus hatte es ihnen vorausgesagt und es ist nicht bekannt, dass auch nur ein einziger Christ bei der anschließenden Zerstörung Jerusalems umgekommen wäre. Denn die Vorhersage Jesu, wie auch seine Mahnung zur Flucht, war den Christen bekannt; sie haben darauf vertraut und gehorcht. Beides gehört immer zusammen: Vertrauen und Gehorchen. Alle also, die der Prophezeiung Jesu glauben schenkten, nutzten diese Kriegspause, um sich in Sicherheit zu bringen und zu fliehen. Im Frühjahr des Jahres 70 traf dann der Sohn des Vespasian, der Feldherr Titus, ein und die Kriegspause war zu Ende. In weniger als vier Wochen durchbrachen seine Legionen die äußeren drei Mauern im Westen der Stadt und drangen in die nördliche Vorstadt ein. Mitte Juni wurde der Versuch, die nördlich am Rand des Tempelareals gelegene Burg Antonia zu erobern, von den Heiden zunächst abgewehrt. Deshalb ließ Titus Anfang Juli einen etwa 8 km langen Belagerungswall um den noch nicht eroberten Teil von Jerusalem errichten.

Genau das hatte Jesus in Lukas 19,43 vorhergesagt: ***„Denn Tage werden über dich kommen, da werden deine Feinde einen Wall um dich aufschütten und dich umzingeln und dich von allen Seiten einengen."*** In Folge dieses Belagerungswalls konnten keine Lebensmittel mehr unbemerkt in die Stadt geschleust werden, in der sich noch immer eine Million, möglicherweise bis zu drei Millionen Menschen befanden und die es nun auszuhungern galt. Tatsächlich brach kurz darauf eine unvorstellbare Hungersnot mit katastrophalen Folgen aus. Die Menschen haben sich angeblich gegenseitig zum Teil selbst aufgegessen, weil sie nicht mehr wussten, was sie tun sollten. Es dauerte noch zwei Monate, bis die römischen Truppen ganz Jerusalem erobert hatten. Der Tempel wurde in Brand gesteckt, die Stadtmauern Jerusalems geschleift und nicht ein Stein blieb auf dem anderen - genauso, wie es Jesus gesagt hatte.

Der Staat Israel hatte damit aufgehört zu existieren. Vom Jahr 70 bis 1948 gab es keinen jüdischen Staat und die Juden sind in aller Welt verteilt, wie es die Propheten mehrfach vorhergesagt hatten. In dieser Zeit erlebten die Juden immer wieder Verfolgung und Unterdrückung, genau das hat Gott vielfach vorhergesagt: ***„Und ich jage ihnen nach mit dem Schwert, mit dem Hunger und mit der Pest. Und ich mache sie zum Entsetzen für alle Königreiche der Erde, zum Fluch und zum Entsetzen und zum Gezisch und zur Schmach unter allen Nationen, wohin ich sie vertrieben habe"*** (Jeremia 29,18). Ohne all das Böse, das Menschen dem Volk Gottes angetan haben, damit zu entschuldigen, sagt Gott jedoch damit zugleich, dass es seine Werkzeuge sind, die er gebraucht, um sein Gericht an seinem Volk über zwei Jahrtausende hindurch zu vollziehen.

Weil sie keine handwerklichen Berufe ausüben konnten, waren sie vielfach als Kaufleute und Geldverleiher tätig. Auch das ist im Wort Gottes vorhergesagt: ***„Und du wirst vielen Nationen ausleihen, du aber wirst dir nichts leihen"*** (5. Mose 15,6). Zumindest ein Teil des jüdischen Volkes wurde, leider zum Fluch der Völker, eine Nation der Finanzeliten. Genau wie Jeremia 29,17 es sagt, ***„zum Fluch unter allen Nationen.“*** Das gilt bedauerlicherweise heute für die christliche Kirche ganz ähnlich wie für das Volk Israel. Das Volk Israel, das den Geboten Gottes vertraut und gehorcht, sollte ein Segen für die Nationen sein. Genauso sollte die Kirche, die Gemeinde Jesu, wenn sie dem Wort Gottes vertraut und gehorcht, ein Segen für die Völker sein, die viele einlädt. Aber das abgefallene Volk Israel, das den Geboten Gottes nicht vertraut und nicht gehorcht, wird zum Fluch für die Nationen. Gottes Wort erfüllt sich ganz exakt in allen Details. Und das gilt leider für die christliche Kirche genauso. Wir sehen es in der Offenbarung: die Hure auf dem Tier, das ist die abgefallene Christenheit, trunken vom Blut der Heiligen. Die Kirche, die eigentlich Segen für die Völker sein sollte, wird wegen ihrer Gottlosigkeit zum größten Fluch der Menschheit. Trotzdem hat Gott sein Volk über zwei Jahrtausende hindurch bewahrt und als Volk erhalten. Trotz aller Bosheit seines Volkes bis zum heutigen Tag, bewahrt er ihm Liebe und Treue. Allein das ist ein weltgeschichtlich einmaliges Ereignis und ein überwältigender Beweis für die Zuverlässigkeit der Bibel sowie ihrer Vorhersagen.

Der berühmte Friedrich der Große hatte einen ebenfalls sehr berühmten General, den überzeugten Christen Hans Joachim von Zieten. Viele kennen diese Episode, in der König Friedrich der Große nun eines Tages seinen General von Zieten fragt: *„Nennen Sie mir einen Beweis dafür, dass es Gott gibt.“* General von Zieten war gewiss, ihm diesen Beweis liefern zu können, und antwortete kurz und knapp: *„Majestät, die Juden!“* Allein die Tatsache, dass Gott sein Volk, damals über 1700 Jahre in der Zerstreuung durch alle Nationen, bewahrt hat, war für Zieten ein beeindruckender Beweis für die Existenz Gottes. Dabei hatte General von Zieten die vorläufig beeindruckendste Erfüllung bezüglich Israels noch gar nicht erlebt. Gott hat nämlich vorhergesagt, dass er sein Volk am Ende der Zeit wieder in das verheißene Land zurückführen wird.

Auf dies und vieles mehr, was nun aus der früheren Zeit und der damals erfüllten biblischen Prophetie in unsere Tage hinein führt, sowie in das, was bald geschehen wird, werden wir in den folgenden Predigten zu diesem Thema noch kommen. Hier will ich mit einer herzlichen und dringlichen Einladung schließen: Lest Gottes Wort! Jedes Wort davon ist wahr und wird ganz exakt in Erfüllung gehen, so wie es das schon seit Jahrtausenden tut. Setzt euer Vertrauen ganz auf den allmächtigen Gott! Er ist der himmlische Vater, voller Liebe zu denen, die ihm vertrauen und gehorchen. Er ist auch der Sieger über alle Mächte der Finsternis und es wird wohl nicht mehr allzu lange dauern, bis wir ihn als strahlenden Sieger in Macht und Herrlichkeit kommen sehen. Darauf sollten wir möglichst alle in unseren Herzen vorbereitet sein. Amen.

Ich bete mit uns:

Lieber himmlischer Gott und Vater, wir danken dir, dass du uns dein Wort gegeben hast und dass wir immer wieder nur darüber staunen können, wie zuverlässig und wahr sich dein Wort durch die Jahrhunderte und Jahrtausende hindurch erweist. Wir können es in Archäologie, Geschichte und in vielen anderen Bereichen sehen, auch an unseren eigenen Leben. Wir danken dir, dass sich dir auch noch in diesen Tagen viele Herzen öffnen, auch wenn wir wissen, dass die Macht Satans versucht, die Menschenherzen vor dir und vor deinem Wort zu verschließen – und er hat viel Erfolg damit. Wir wollen dich anflehen, schenk uns noch einmal eine Zeit der Gnade, in der du diese Mauern der Verblendung, die Satan vor dem Denken der Menschen aufgerichtet hat, niederreißt und durchbrichst, damit sie dich und dein Wort doch noch einmal erkennen, sich vom Bösen abwenden und dir, dem lebendigen und allein wahren Gott zuwenden. Mögen sie das Heil erkennen, das du in Jesus Christus vollbracht hast. Wir bitten dich auch für die Obrigkeiten in unserem eigenen Land, in den übrigen Ländern, Völkern Europas und der ganzen Erde. Viele werden vom Bösen geleitet. Wir sehen es gerade in diesen Tagen: Sie suchen nicht das, was ihren Völkern dient, sie suchen nicht das Wohl der Menschen, sondern sie richten sie in gräulicher Weise zu Grunde. Aber du kannst uns wieder Obrigkeiten, Regierungen und Herrschende schenken, die wirklich das Wohl der ihnen anvertrauten Menschen suchen. Du wirst es nur tun, wenn wir zuallererst unsere Hoffnung auf dich richten, unsere Hilfe vor allem bei dir suchen und unser Leben mit dir wieder in Ordnung bringen. Dass dies noch viele Menschen tun, darum wollen wir dich bitten. Dir sei Lob und Dank dafür. Amen.

Teil 2

Zefanja 3,8-20:

„Darum wartet auf mich, spricht der HERR, auf den Tag, an dem ich mich aufmache zur Beute! Denn mein Rechtsspruch ist es, die Nationen zu versammeln, die Königreiche zusammenzubringen, um mein Strafgericht über sie auszugießen, die ganze Glut meines Zorns, denn durch das Feuer meines Eifers wird die ganze Erde verzehrt werden. Dann aber werde ich den Völkern andere, reine Lippen geben, damit sie alle den Namen des HERRN anrufen und ihm einmütig dienen. Von jenseits der Ströme Kusch werden sie mir meine Anbeter, meine zerstreute Schar, als Opfergabe darbringen. An jenem Tag brauchst du dich nicht mehr all deiner Taten zu schämen, durch die du den Bruch mit mir vollzogen hast. Denn dann werde ich deine hochmütigen Prahler aus deiner Mitte wegnehmen, und du wirst künftig nicht mehr überheblich sein auf meinem heiligen Berg. Und ich werde in deiner Mitte ein demütiges und geringes Volk übrig lassen, und sie werden beim Namen des HERRN Zuflucht suchen. Der Rest Israels wird kein Unrecht tun und keine Lüge reden, und in ihrem Mund wird keine trügerische Zunge gefunden werden, sondern sie werden weiden und lagern, und niemand wird sie aufschrecken. Juble, Tochter Zion, jauchze, Israel! Freue dich und frohlocke von ganzem Herzen, Tochter Jerusalem! Der HERR hat deine Gerichte weggenommen, deinen Feind weggefegt. Der König Israels, der HERR, ist in deiner Mitte, du wirst kein Unglück mehr sehen. An jenem Tag wird in Jerusalem gesagt werden: Fürchte dich nicht, Zion, lass deine Hände nicht erschlaffen! Der HERR, dein Gott, ist in deiner Mitte, ein Held, der rettet; er freut sich über dich in Fröhlichkeit, er schweigt in seiner Liebe, er jauchzt über dich mit Jubel. Die fern von der Festversammlung Trauernden sammle ich – sie sind ja von dir, um meinetwillen tragen sie Schmach. Siehe, zu jener Zeit werde ich an denen handeln, die dich unterdrücken. Ich werde das Hinkende retten und das Vertriebene werde ich zusammenbringen. Und ich werde sie zum Lobpreis und zum Namen machen in jedem Land ihrer Schande. In jener Zeit werde ich euch herbeiholen und zu Zeit euch sammeln. Denn ich

werde euch zum Namen und zum Lobpreis machen unter allen Völkern der Erde, wenn ich euer Geschick vor euren Augen wenden werde, spricht der HERR."

Israels zeichenhafte Bedeutung

Auf das heutige Bibelwort aus Zefanja 3,8-20, um das es im Folgenden auch noch gehen wird, gehe ich diesmal etwas später in der Predigt ein. Heute knüpfen wir mit dem Blick auf das an, was gewissermaßen in unseren Tagen sowie in relativ kurzer Vergangenheit geschehen ist und heute vor unseren Augen geschieht, um dann auf das zu kommen, was in naher Zukunft geschehen wird.

Ich möchte uns noch einmal in die derzeitige Gesamtsituation mit hinein nehmen: Der gegenwärtige Corona-Wahnsinn ist im Verlauf der letzten fünf Jahre das zweite große Aha-Erlebnis für mich gewesen. Als unsere Regierung 2015 begann, die Grenzen nieder zu reißen, unseren Staat und damit de facto unser Volk preiszugeben, indem sie das Recht in großem Stil missachtete, war ich das erste Mal total schockiert. Auf Grund der biblischen Prophetie war mir zwar schon seit vielen Jahren klar, dass derart totalitäre und menschenverachtende Ereignisse irgendwann einmal eintreten werden, aber ich war bis dahin zu arglos gewesen und hatte diese erst in fernerer Zukunft erwartet. Horst Seehofer hat damals die Rückkehr zum Rechtsstaat angemahnt, was ja nichts anderes ist, als die amtliche Bestätigung darüber, dass wir seither im Unrechtsstaat von Merkel und Co leben. Mir wäre leider nicht aufgefallen, dass sich da in den letzten Jahren etwas wesentlich gebessert hätte und das Unrecht dem Recht wieder gewichen wäre. Ganz im Gegenteil. In einer Predigt über das Thema Zuwanderung[2] sagte ich damals schon: *„Liebe Geschwister, das antichristliche Reich der Endzeit zeichnet sich in diesen Tagen nicht*

[2] https://nbc-jakob-tscharntke.de/images/pdf_dokumente/037-Wie-gehen-wir-als-Christen-mit-der-Zuwanderungsproblematik-um.pdf

erst dunkel am Horizont ab, sondern nimmt Schritt für Schritt vor unseren Augen Gestalt an."

Bereits zwei Monate zuvor, im August desselben Jahres, schrieb ich auf unserer Internetseite, dem Netzwerk bibeltreuer Christen (nbc-jakob-tscharntke.de), einen Kommentar zu dem Thema „Worauf es in diesen Tagen ankommt[3]": *„Wir leben in diesen Tagen in einer Zeit, in der die satanischen Mächte im Hintergrund den Sack zubinden. Verschiedene Indizien aus ganz verschiedenen Richtungen deuten darauf hin, dass diese Weltzeit in ihren letzten Zügen liegt."* Wie gesagt, das waren Worte von mir, die bereits fünf Jahre zurückliegen. Heute, mit dem Corona-Wahnsinn, haben wir die nächste und wesentlich gewaltigere Zündstufe, im Flug in den antichristlichen Totalitarismus der Endzeit hinein, erreicht. Über Nacht sind wir quasi mitten in der Offenbarung aufgewacht. Das ist gewiss sehr schlagwortartig formuliert und muss biblisch differenziert werden. Vom Grundsatz her jedoch erleben wir seit Mitte März 2020 einen menschenverachtenden und freiheitsberaubenden Totalitarismus, der schon ganz deutliche Züge dessen annimmt, wovon beispielsweise Offenbarung 13 spricht.

Mitten in der Offenbarung angelangt, sind wir zwar heute noch nicht direkt an diesem Punkt, denn dazu müsste zuvor der Antichrist offenbar werden, aber die Ereignisse der letzten Wochen zeigen, dass wir derzeit rasant in diese Richtung unterwegs sind. Wir sind zumindest gefühlt bereits in vielen Bereichen mittendrin. Aber auch nicht mehr *nur* gefühlt, wenn wir daran denken, dass vielleicht erstmalig seit 2000 Jahren keine Gottesdienste zu Karfreitag und Ostern stattfinden dürfen. Auch nicht nur gefühlt, wenn wir sehen, wie brutal unsere Herrschenden in Bund und Ländern uns unserer Freiheitsrechte über Nacht beraubt haben. Dazu wurde in vermutlich höchst grundgesetzwidriger Weise, mittels eines nachrangigen Infektionsschutzgesetzes, unser Grundgesetz - die zentrale Stütze des Rechtsstaats unserer Demokratie - in wichtigen

[3] https://nbc-jakob-tscharntke.de/kurz-bemerkt/137-archiv-uebersicht/jahr-2015/242-Worauf-es-in-diesen-Tagen-ankommt

Teilen außer Kraft gesetzt und damit ein Frontalangriff auf die darin gelegte Ordnung durchgeführt. So zumindest ist es meine persönliche Einschätzung und wenn ich es richtig sehe, durchaus auch die hochrangiger Staats- und Verfassungsrechtler. Allmählich sollten wir eine Ahnung davon bekommen, wo wir im Entstehen eines antichristlichen Totalitarismus nicht nur in Deutschland und Europa, sondern durch den derzeitigen Corona-Wahnsinn mehr oder weniger global längst schon angekommen sein dürften. Wir sehen daran, dass die Zeit der Gnade in einem ebenso rasanten Tempo ausläuft. Damit verbunden ist die Frage nach dem Zeitpunkt der Entrückung, denn mit der Entrückung der Gemeinde dürfte die Zeit der Gnade und die Möglichkeit zur Umkehr zu Ende gehen. Deshalb gilt es für jeden von uns und für Sie, lieber Leser, ganz persönlich, diese Restzeit der Gnade noch zur Umkehr zu nutzen, die Sache mit Gott klar zu machen und zu wissen, wo Sie, wo du ganz persönlich die Ewigkeit zubringen wirst. Wer bis dahin das Heil in Christus nicht angenommen hat, wird dann auch keine Möglichkeit dafür mehr haben. Die Zeit läuft aus.

Heute geht es darum zu sehen, welchen Weg wir bis dahin schon zurückgelegt haben. Meines Erachtens ist der Blick auf das Volk Israel und seine zeichenhafte Bedeutung ein herausragender Aspekt von Bedeutung. Wenn wir den Weg Gottes mit seinem Volk Israel nicht verstehen und deshalb auch nicht einordnen können, wo Gott auf diesem Weg mit seinem Volk *heute* ist, dann fehlt uns eine zentrale Voraussetzung zur Einordnung der gegenwärtigen Zeit in den Rahmen der Heilsgeschichte. Weil der Weg Gottes mit seinem Volk Israel auch in bibeltreuen Kreisen zum Teil umstritten ist, will ich darauf heute genauer eingehen.

Gerade dieser Tage habe ich einen lebhaften Austausch über dieses Thema mit einem Glaubensbruder gehabt. Dabei fiel mir noch einmal auf, wie leicht wir als Christen bei diesem Thema aneinander vorbei reden und sicher auch zum Teil sehr verschiedene Überzeugungen haben. Bei diesem Thema sitzt man schnell zwischen allen Stühlen; so geht es jedenfalls mir dabei. Wenn man es differenziert betrachtet, dann ist man dem einen nicht pro Israel orientiert genug und dem anderen ist man nicht genug gegen Israel. Es ist schwierig bis unmöglich, es da beiden Seiten recht zu machen. Aber genau darum geht es ja auch nicht, sondern wir müssen es dem Wort Gottes entsprechend sagen. Wir haben also, grob gesagt, zwei Lager zu diesem Thema.

Auf der einen Seite befinden sich die sogenannten Israelfreunde, die teils regelrechte Israelfanatiker sind. Auf der anderen Seite stehen diejenigen, welche den Weg Gottes mit Israel als beendet betrachten. Für sie hat Israel überhaupt keine Bedeutung mehr; das sind die Vertreter der sogenannten *Ersatztheologie*. Wie bereits angedeutet, stehe ich wie so häufig dazwischen und bemühe mich um eine differenzierte Betrachtung. Das wird vielleicht schon an der Formulierung des heutigen Themas deutlich: *Israels zeichenhafte Bedeutung*. Das heißt, ich bin durchaus überzeugt davon, dass Israel eine Bedeutung für die christliche Gemeinde hat. Allerdings keine heilsentscheidene, sondern eine zeichenhafte und damit durchaus eine indirekt oder auch sehr direkt geistlich ermutigende Bedeutung. Wenn ich auf Israel schaue, dann bin ich begeistert. Ich sage euch nachher, warum. Wer meine Israelbegeisterung bis dahin nicht ertragen kann, der nehme etwas Baldrian oder bei Bedarf auch Valium.

Wir dürfen als Christen nicht den Fehler machen, das Thema Israel rein christlich-neutestamentlich zu verstehen. Wir dürfen das Neue Testament dem Alten nicht überstülpen, sondern müssen beide Bünde, den alt- und den neutestamentlichen, in ihrer Eigenart ernst nehmen. Israel, und ich glaube das ist der erste Punkt, den viele übersehen, hat tatsächlich eine andere Berufung als die Gemeinde. Deshalb kann sich die Berufung Israels nur in Teilen, aber niemals ganz in die Gemeinde hinein entwickeln. Das sehen wir schon daran, dass die Verheißungen an Israel im wesentlichen auf diese Erde bezogen sind. Die ersten beiden Verheißungen des Bundes mit Abraham sind erstens: viele Nachkommen *auf dieser Erde* und zweitens ein eigenes Land *auf dieser Erde*. Nicht irgendwo im Himmel, das wäre neutestamentlich. Das Alte Testament sagt: *hier auf dieser Erde* im Diesseits. Ganz wichtig festzuhalten ist also: Israel hat im Wesentlichen eine diesseitige Verheißung. Die Gemeinde hingegen hat im wesentlichen eine jenseitige Verheißung. Da Israel eine diesseitige Verheißung hat, muss diese sich folglich auch im Diesseits erfüllen. Ganz konkret soll dies durch die Rückführung in das verheißende Land auf dieser Erde sowie ein Leben in Frieden und Sicherheit unter dem Segen des Herrn *hier im Diesseits auf dieser Erde* in Erfüllung gehen. Das wird im 1000-jährigen Reich der Fall sein. Alles andere wäre keine Erfüllung dieser Verheißung, sondern das, was wir vom Neuen Testament in diese alttestamentlichen Verheißungen unangemessen hineintragen. Wir dürfen nicht mit unserem spezifisch neutestamentlichen Vorverständnis über das Alte Testament mit dem alten Bund und seinen Verheißungen herfallen. Das jedoch passiert meines Erachtens bei der schon erwähnten Ersatztheologie. Dort wird gesagt, das Bundesvolk des Alten Testaments setze sich in der Gemeinde fort. Mit der Begründung, dass auch Juden durch den Glauben an Jesus Christus Glieder der Gemeinde Jesu werden können und damit geistlich Abrahams Kinder sind, sei dann die Kontinuität zwischen dem alt- und neutestamentlichen Bund geistlich gewahrt. Deshalb sei das auch keine Ersatz-, sondern eher eine Verbindungstheologie, die den alten mit dem neuen Bund verbindet.

Das kann man aber nur dann so sehen, wenn man die Verheißungen des alten Bundes an Israel rein neutestamentlich interpretiert und sie völlig aus ihrem alttestamentlichen sowie national-ethnischen Kontext herauslöst. Auf diese Weise werden tatsächlich alle diesseitigen Verheißungen, die Gott Abraham und seinen Nachkommen gegeben hat, aufgelöst - letztendlich annulliert. Wenn man den alttestamentlichen Hintergrund jedoch ernst nimmt, funktioniert das so nicht.

Der Ölbaum, in den wir als Glieder der Gemeinde eingepfropft werden, hat von seiner Wurzel her zum einen eine unauflösbar national-ethnische Dimension Israel betreffend und zum anderen auch eine diesseitige Verheißung. Jenem werde ich nicht gerecht, wenn ich sie in das rein geistliche hinein auflöse.

Es ist in der Tat unbedingt wichtig, dass wir zwischen der national-ethnischen und der geistlichen Ebene des Volkes Gottes unterscheiden, allerdings ohne diese beiden Ebenen auseinander zu reißen. Diese Unterscheidung ist selbst keineswegs spezifisch neutestamentlich. Der Sache nach unterscheidet schon das Alte Testament exakt zwischen denen, die nur im leiblichen, national-ethnischen, äußeren Sinne und denen, die auch geistlich Abrahams Kinder sind. Mit der Berufung Abrahams und seiner Nachkommen hat Gott zwar einerseits eine national-ethnische Einheit - Abraham und sein Volk - zu *seinem* Volk berufen, doch diese Berufung ist von vornherein mit einer ganz klaren geistigen Bestimmung verbunden, die in der Beschneidung zum Ausdruck kommt. Der Beschnittene wird durch die Beschneidung, genauso wie der Täufling im neuen Bund durch die Taufe, verpflichtet, im Vertrauen und Gehorsam mit Gott zu leben. Es ist eine Verpflichtung! Nur wer das tut, nämlich im Vertrauen und Gehorsam mit Gott zu leben, der gehört auch im geistlichen Sinne zum Volk Gottes. Das ist auch im Alten Testament nicht anders. Wir können also auch im alten Bund die Ebene der national-ethnischen Berufung nie von der geistlichen Bestimmung trennen. Dies sind die beiden Seiten von ein und derselben Medaille. Auf der einen Seite steht: Abrahams Kinder - im Sinne einer äußeren Zugehörigkeit zum Haus Abrahams. Auf der anderen Seite: Leben im Vertrauen und Gehorsam gegenüber Gott unter seinem Segen. Nur wer vertrauensvoll und gehorsam unter Gottes Segen lebt, erreicht seine Bestimmung und ist dann sowohl im national-ethnischen wie auch im geistlichen Sinne Abrahams Kind. Nur mit beiden Seiten ist die Medaille ganz und nur so erfüllt sich die Verheißung im Diesseits.

Im neuen Bund spielt für die Gemeinde Jesu der national-ethnische wie auch der diesseitige Aspekt im Grunde keine Rolle mehr. Das Volk des neuen Bundes ist eine Gemeinschaft aus allen Völkern und Stämmen der Erde; aus Juden und Heiden, die an Jesus Christus glauben und ihm gehorchen. Ihre Verheißung liegt nicht im Diesseits, sondern in den himmlischen Wohnungen im Hause des Vaters, die zu bereiten Jesus vorausgegangen ist.

Wir haben tatsächlich nicht nur zwei Bünde, wir haben auch zwei Gottesvölker, die sich aber in der Zeit der Gemeinde vereinen. Dies geschieht nun schon seit einem Zeitraum von etwa 2000 Jahren. Sie werden zwar nicht mehr getrennt, aber am Ende sehen wir die Differenzierung wieder deutlicher. Dies wird zum Beispiel am Gleichnis von den fünf klugen und fünf törichten Jungfrauen sichtbar. In der Auslegung beschäftigen wir uns üblicherweise ausschließlich mit diesen Jungfrauen. Eine Frage jedoch, die für unser Thema von hoher Bedeutung ist, fällt dabei völlig unter den Tisch: Auf wen warten denn die Jungfrauen? Auf die Braut und den Bräutigam! Ganz klar - der Bräutigam ist Jesus, der seine Braut heimholt. Die spannende Frage hier ist: Wer ist die Braut? Sie spielt im Gleichnis selbst zwar keine Rolle, aber sie ist da! Völlig unabhängig davon, ob wir jetzt Israel oder die Gemeinde der Braut oder den Brautjungfern zuordnen, wir haben in diesem Gleichnis *zwei* Größen, die nicht eins sind: die Braut *und* die Brautjungfern, die auf den Bräutigam warten. Das sind eindeutig zwei *verschiedene* Größen.

Israel hat eine eigene Verheißung, die sich nicht einfach im neuen Bund in die Verheißung der Gemeinde hinein auflöst. Wer das meint, der tut dem alten Bund Gewalt an. Mit dem neuen Bund ist die Berufung Israels im national-ethnischem Sinne deshalb keineswegs zu Ende. Sie wird, so sagt es Gottes Wort in unmissverständlicher Klarheit, lediglich zeitweise ausgesetzt. Das allerdings ist durchaus ein ganz brutaler Vorgang. Paulus sagt, die Zweige, die eigentlich den Ölbaum ausmachen, werden ausgerissen. Sie werden mit Gewalt abgerissen, auf den Boden geworfen und dort von den Heiden solange zertreten, bis die Zeit der Heiden erfüllt sind. Darauf kommen wir aber gleich noch einmal.

Der gesamtbiblische Duktus, auch die entsprechenden Aussagen im Neuen Testament, lassen nicht den allergeringsten Zweifel daran, dass hier nur von einem zeitlich befristeten Beiseitelegen des Volkes Israel die Rede ist und nicht von einer grundsätzlichen und dauerhaften Verwerfung oder Auflösung in die Gemeinde hinein. Letzteres käme de facto auf dasselbe wie eine Verwerfung hinaus, weil der Alte Bund dann nicht in seine eigenen Verheißungen münden würde. Vielleicht können wir auch sagen, dass sich das Schicksal Israels nach der Verwerfung Jesu in der Zeit der Gemeinde spaltet.

Der geistliche Bereich läuft in der Gemeinde Jesu unter dem Segen Gottes weiter. Der national-ethnische Bereich läuft außerhalb der Gemeinde Jesu unter dem Fluch und Gericht Gottes weiter. Weil das Volk Israel seinen Messias, den Herrn Jesus Christus, den Sohn Davids abgelehnt und an das Kreuz geliefert hat, wurde es von Gott hart bestraft und wird dies bis heute. Im Übrigen sehen wir allein daran aber schon, dass Gottes Weg mit seinem Volk auch im national-ethnischen Sinne nicht zu Ende sein kann. Dass dieser Weg auch heute noch ganz konkret weiter geht, sieht man auch im Negativen, nämlich daran, dass es wohl kein Volk auf dieser Erde gibt, das in den letzten 2000 Jahren durch so viel Not, Elend und Verfolgung gehen musste. Das ist Gottes Gerichtsweg mit seinem Volk und dass dieser noch nicht zu Ende ist, daran lässt die Bibel keine Zweifel. Er erreicht in den kommenden Jahren erst noch seinen Höhepunkt. Aber auch in diesen Gerichtswegen offenbart sich die bleibende Liebe Gottes zu seinem Volk, denn ein Vater, der seinen Sohn liebt, so sagt es Gottes Wort in Hebräer 12,6, der züchtigt ihn. Aber auch die Züchtigung ist ja eine Form der liebevollen Zuwendung. Gott hat sich auch in der Zeit der Gemeinde keineswegs von seinem Volk abgewandt. Wie wir in den kommenden Jahren noch erleben werden, führt er es allerdings in noch tiefere Tiefen hinab. Gott hat sein widerspenstiges Volk in seinen Zorngerichten immer wieder bis auf einen winzigen Rest vernichtet, um dann aus diesem dicht über dem Erdboden abgesägten Baumstumpf neue Schösslinge austreiben zu lassen, die sich nun hoffentlich *ihm* zuwenden und nicht wieder fremden Göttern nachlaufen und diese Welt mit Bösem und mit ihren Gräueltaten erfüllen sollten. Paulus zitiert in Römer 9,27 entsprechend aus dem Propheten Jesaja 10,20-23: ***„Wenn die Zahl der Kinder Israels wäre wie der Sand am Meer, so wird doch nur der Überrest*** (ein dicht über dem Boden abgesägter Baumstumpf,) ***gerettet werden."***

Aus Römer 11,7 erfahren wir, dass der Großteil Israels während der Zeit der Gemeinde verstockt ist, aber nach der Zeit der Gemeinde, wenn die Fülle der Heiden eingegangen ist, wird der Tag kommen, an dem sich Gott seinem Volk wieder in Gnade zuwenden will. Dann wird er die national-ethnische *und* die geistliche Linie in einer Vollendung zusammenführen, wie sie nie zuvor bestanden hat, jedoch von Anfang an von Gott gewollt war. Israel wird im 1000-jährigen Reich zu seiner eigentlichen Berufung gelangen. Man mag darüber diskutieren, welche Rolle die Gemeinde dort spielt, eines ist aber ganz klar - es geht um Israel und die Vollendung der alttestamentlichen, diesseitigen Verheißungen, die das Volk Gottes bekommen hat und die noch nicht eingetreten sind. Dafür ist das 1000-jährige Reich da. Das heißt aber, dass auch die schärfsten Gerichte über sein Volk immer den Wendepunkt anstreben. Auf diesen Wendepunkt hin bewahrt Gott sein Volk bis auf den heutigen Tag. Aber diese Wende kann logischerweise nur unter Einbeziehung des national-ethnischen Gesichtspunkts geschehen, denn unter einem isolierten, rein geistlichen Gesichtspunkt braucht und kann sich nichts wenden. Jeder Jude kann ja heute schon geistig durch den Glauben zu Jesus gehören - dazu braucht es keine Wende. Eines aber ist immer ganz klar: Ohne

Glauben an Jesus, den Messias, gibt es kein Heil – das gilt auch für die Juden im 1000-jährigem Reich.

Wenn Paulus in Römer 11,15 zwar von der Verwerfung Israels spricht und sagt, ***„Wenn ihre Verwerfung die Versöhnung der Welt ist, was wird die Annahme anderes sein als Leben aus den Toten?“,*** dann kann sich die Verwerfung wie gesagt nur auf die national-ethnische Ebene beziehen. Auf der geistlichen Ebene bleibt den Juden wie auch den Heiden die Tür offen; hier sind sie nicht verworfen. So deutet meines Wissens auch die Ersatztheologie Römer 11. Wenn sich der Begriff der Verwerfung aber auf die national-ethnische Ebene bezieht, muss sich auch der Begriff „Annahme“ auf diese Ebene beziehen. Der Spannungsbogen dieser Aussage befindet sich genau in dieser Gegenüberstellung von Verwerfung und Annahme. Weil dieser Spannungsbogen auf der einen Seite mit der national-ethnischen Ebene beginnt, muss er auch auf der anderen Seite auf dieser Ebene landen. Exakt das beschreibt Paulus hier in Römer 11,25ff: ***„Denn ich will nicht, meine Brüder, dass euch dieses Geheimnis unbekannt bleibt, damit ihr euch nicht selbst für klug haltet: Blindheit ist Israel zum Teil widerfahren, solange bis die Fülle der Heiden eingegangen ist, und so wird ganz Israel gerettet werden, wie geschrieben steht: »Aus Zion wird der Erlöser kommen und die Gottlosigkeiten von Jakob abwenden, und das ist mein Bund mit ihnen, wenn ich ihre Sünden wegnehmen werde«.“***

„Blindheit ist Israel zum Teil widerfahren, solange bis die Fülle der Heiden eingegangen ist“, damit macht Paulus eine ganz klare und doppelte Aussage über die geistliche Entwicklung Israels. Auf der national-ethnischen Ebene ist es verstockt. In 2. Korinther 3,14-16 schreibt Paulus davon, dass auf Israel im national-ethnischen Sinne eine Decke liegt, die sie am Erkennen ihres Messias hindert. Er schreibt: ***„Ihre Gedanken wurden verstockt, denn bis zum heutigen Tag bleibt diese Decke, die in Christus weggetan wird, beim Lesen des Alten Testaments unaufgedeckt.“*** Noch bis zum heutigen Tag liegt diese Decke auf ihren Herzen. Man kann das nicht auf das erste Kommen Jesu beziehen, denn als Paulus dies im 2. Korintherbrief schrieb, war Jesus schon längst gekommen. ***„Bis zum heutigen Tag"***, so schreibt er irgendwann in den 50er Jahren des 1. Jahrhunderts, ***„liegt die Decke auf ihren Herzen, so oft Mose gelesen wird. Sobald es*** (nämlich der Überrest des Volkes als Ganzes) ***sich aber zum Herrn bekehrt, wird die Decke weggenommen werden."*** Gott hat, so sagt der Apostel Paulus hier, während der Zeit der Gemeinde auf sein Volk Israel eine Decke der Verblendung und Verstockung gelegt, mit dem Zweck, dass es beim lesen des Alten Testaments nicht erkennen kann, dass Jesus der im Alten Testament verheißene Messias ist. Deshalb kann es ihn, abgesehen von einzelnen Individuen, auch nicht annehmen.

Im persönlichem Bereich gilt das nicht, denn persönlich kann jeder Jude zum Glauben an den Herrn Jesus finden und manche tun es ja auch; nicht aber das national-ethnische Israel, dessen Rest erst zum Glauben kommen wird, wenn diese Decke weggenommen ist. Davon redet Paulus dann in Römer 11,25–27, wenn er als ***„großes Geheimnis"***, das den Heiden in Rom nicht unbekannt sein soll, kundtut: ***Es wird aus Zion der Erretter kommen"***, nämlich *nachdem* die Vollzahl der Heiden eingegangen ist. Er wird die Gottlosigkeiten von Jakob abwenden. Hier kann das erste Kommen Jesu gar nicht gemeint sein, denn es hat die Gottlosigkeiten von Jakob nicht abgewendet, sondern durch seine Verwerfung ins Unermessliche gemehrt. ***„Und das ist der Bund von mir, wenn ich ihre Sünden wegnehmen werde."***, so schließt Paulus mit einem Zitat aus Jesaja 59,20f und Jeremia 31,34.

Es ist zu betonen, dass Jeremia 31,34 ganz eindeutig von einem Abschnitt *nach* unserer heutigen Gnadenzeit redet; wenn durch den wiederkommenden Herrn und seine Gegenwart unter uns eine vollkommene Erkenntnis herrschen wird, ähnlich wie dies auch in 1.Korinther 13 vorhergesagt wird. Das ist heute noch nicht der Fall, denn wenn es das heute schon wäre, bräuchten wir keine biblische Lehre mehr und es gäbe in diesen und vielen anderen Fragen der Christenheit keine unterschiedlichen Erkenntnisse, sondern dann wären bereits alle in vollkommener Weise zu ein und derselben Erkenntnis geleitet. Es ist daher vom Zusammenhang völlig unzweifelhaft, dass Paulus in ganz konkreter Entsprechung zu den alttestamentlichen Propheten hier nicht das rein geistliche Israel als Teil der Gemeinde Jesu meint, sondern von der Wiederherstellung Israels in national- ethnischer und geistlicher Verbindung und Vollendung spricht.

Er sagt uns auch, *wann* dies geschehen wird. Das ist für unser Thema „Erfüllung biblischer Prophetie" von sehr großer Bedeutung, denn er sagt: Dies wird geschehen, wenn die Vollzahl der Heiden eingegangen sein wird. Dann also, wenn die Zeit der Gemeinde und damit auch die Zeit der Gnade für die Nationen zu Ende gegangen ist und die Entrückung der Gemeinde stattgefunden hat. Gottes Wort spricht über diese Zeit aus doppelter Perspektive. Zum ersten aus der Perspektive der Heiden, indem er sagt, ***„wenn die Vollzahl der Heiden eingegangen"*** sei und damit die Zeiten der Heiden erfüllt sein werden. Das ist eine ganz klare Aussage; zuerst muss die von Gott auserwählte Zahl aus den Nationen errettet sein. Erst wenn dies abgeschlossen ist, dann ist die Zeit der Heiden erfüllt. Das entspricht ganz exakt dem, was Jesus in Matthäus 24,14 (Parallelstelle Markus 13,10) sagt: ***„Und es wird gepredigt werden das Evangelium vom Reich in der ganzen Welt zu einem Zeugnis über alle Nationen und dann wird das Ende kommen."*** *Dann* wird das Ende kommen! Oder auch in Lukas 21,24, mit dem Vorspann über die Belagerung und Zerstörung Jerusalems im Jahre 70 nach Christus, wo Jesus spricht: ***„Und sie werden fallen durch des Schwertes Schärfe, gefangen weggeführt werden unter alle Völker und Jerusalem wird zertreten werden von den Heiden, bis das der Heiden Zeit erfüllt wird."***

Die Zeit der Heiden ist die Zeit, in der Gott aus den Nationen die Heidenvölker seiner Gemeinde sammelt. Danach, wenn diese Zeit abgeschlossen ist, wendet er sich wieder seinem Volk zu. *Das* Volk, nämlich Israel, steht in der Bibel immer im Gegensatz zu *den* Völkern, *den* Heiden. Dieselbe Zeit bzw. die wahrscheinlich direkt daran anschließende (wobei beide Zeiten eine gemeinsame Schnittenge haben, weil Gott sein Werk schon vorbereitet) definiert Gottes Wort andererseits mit dem Blick auf Israel. Formulierungen wie ***„Wenn die Zerstreuungen des heiligen Volkes ein Ende haben und Gott das Schicksal seines Volkes wenden wird"*** sind mit dem Blick auf Israel, aus der Perspektive Israels, auf Israel schauend, verfasst. Dergleichen stellen wir auch bei Hosea 6,11 und Joel 4,1 fest: ***„Denn siehe, in jenen Tagen und zu jener Zeit, wenn ich das Geschick Judas und Jerusalems wenden werde, dann werde ich alle Nationen versammeln und ins Tal Josaphat hinabführen."*** Dort ist die Rede vom großen Strafgericht des wiederkommenden Herrn über die Völker, wegen des Unrechts und aller Willkür, die sie seinem Volk Israel angetan haben, und wegen der satanischen Auflehnungen gegen ihn, den Schöpfer und Herrn der Welt und Nationen.

Das heutige Bibelwort aus Zefanja 3,8-20 lesen wir, wie zu Beginn angekündigt, erst jetzt. Es steht in exakter Übereinstimmung mit Joel 1: ***„Darum wartet auf mich, spricht der Herr, bis auf den Tag, an dem ich mich aufmache, um zu rechten! Denn mein Rechtsspruch ist: die Nationen zu versammeln, die Königreiche zusammen zu bringen, um mein Strafgericht über sie auszugießen, die ganze Glut meines Zornes. Denn durch das Feuer meines Eifers wird die ganze Erde verzehrt werden"*** (davon redet dann die Offenbarung ganz viel). Weiter spricht er zu Israel: ***„(...) An jenem Tag brauchst du dich nicht mehr aller deiner Taten zu schämen, durch die du den Bruch mit mir vollzogen hast, denn dann werde ich deine hochmütigen Prahler aus deiner Mitte wegnehmen."***

Liebe Geschwister, gerade für euch, die ihr Probleme habt, diese Rolle Israels zu akzeptieren, ist dieser Satz ganz wichtig; für jene, die wegen mancher Individuen des jüdischen Volks große Probleme mit unserem heutigen Thema haben. Gott hat diese Individuen, jene ***„hochmütigen Prahler“***, ganz genau im Visier und jeder kann jetzt die Namen einsetzen, die er dafür zutreffend erachtet. Selbige wird Gott aus der Mitte seines Volkes nehmen und keiner davon wird für all die Schandtaten, die sie vollbringen, ungestraft davonkommen. ***„Ich werde deine hochmütigen Prahler aus deiner Mitte wegnehmen und du wirst künftig nicht mehr überheblich sein auf meinem heiligen Berg. Und ich werde in deiner Mitte ein geringes und demütiges Volk übrig lassen und sie werden beim Namen des Herrn Zuflucht suchen. Der Überrest von Israel*** (ein Ölbaum, dicht über dem Erdboden abgesägt) ***wird kein Unrecht tun und keine Lüge reden; man wird auch in ihrem Mund keine trügerische Zunge finden; ja, sie werden weiden und ruhen, ohne dass sie jemand aufschreckt.*** (Sie werden ein Leben in Sicherheit haben, wie es Israel noch nie hatte.) (...) ***Der HERR, der König Israels, ist in deiner Mitte; du brauchst kein Unheil mehr zu fürchten! An jenem Tag*** (das ist immer der Tag des HERRN, der Tag, an dem Gott das Schicksal seines Volkes wendet) ***wird man zu Jerusalem sagen: Fürchte dich nicht! (...) Siehe zu jener Zeit werde ich an jenen handeln, die dich unterdrücken und ich werde dich zum Lobpreis machen und zum Namen, in jedem Land ihrer Schande*** (ein Teil wird also noch unter den Völkern zerstreut sein). ***In jener Zeit werde ich euch herbei holen und zum Lobpreis machen unter allen Völkern der Erde, wenn ich euer Geschick vor euren Augen wenden werde, spricht der Herr.“*** Das wird am Ende der Zeit geschehen. Diese Wende für das Volk Israel geht zeitlich mit der großen Trübsal einher.

In Daniel 12,1 lesen wir: ***„Zur selben Zeit*** (gemeint ist zu der Zeit des Antichristen) ***wird der große Fürst Michael, der für die Kinder deines Volkes steht*** (der Erzengel Michael), ***sich aufmachen, denn es wird eine solch trübselige Zeit sein, wie***

sie nie gewesen ist, seitdem Leute gewesen sind (bis auf diese Zeit). ***Und zur selben Zeit wird dein Volk errettet werden, alle, die im Buch des Lebens geschrieben stehen."*** Jene also, die berufen sind zur geistlichen Neugeburt in Christus. In Daniel 12,7, im Blick auf die Ereignisse der Endzeit, die Daniel gesehen hat, aber geheim halten soll, stellt er die Frage: ***„Wann ist das Ende dieser außergewöhnlichen Ereignisse?"***, die ihm das Mark in den Knochen haben gefrieren lassen. Die Antwort lautet: ***„Wenn die Zerstreuung des heiligen Volkes ein Ende hat, wird dies alles vollendet werden."***

Ich hoffe, der Baldrian oder alternativ das Valium haben bisher gereicht, denn jetzt will ich kurz erklären, warum ich so begeistert bin, wenn ich auf Israel schaue. Wenn ich das tue, dann sehe ich nicht Israel, sondern den Herrn und seine unvorstellbare Liebe und Treue. Bei der Vorbereitung dieser heutigen Predigt wurde mir bewusst, dass eine große Blockade im rechten Verstehen der verbleibenden Erwählung Israels darin begründet sein dürfte, dass viele Menschen, wenn sie „Israel" hören, auf Israel und auf die Individuen schauen, die zu diesem Volk der Juden gehören, die zum Teil alles andere als rühmlich sind, statt auf den Herrn. (LANGER SATZ!) Aber es geht bei „Israel" nicht um Israel, sondern um Gottes heiligen Namen. Dieser heilige Name Gottes spielt bis in unsere Tage hinein, ja bis zum Schluss die alles entscheidende Rolle. Diesen heiligen Namen hat er in Jerusalem, auf dem Berg Zion, niedergelegt. Wir müssen uns das ganz sachlich, ganz dinglich und ganz wirkmächtig vorstellen. Der lebendige Gott, der Schöpfer des Himmels und der Erde, der den ganzen Kosmos mit seinem Wort regiert, hat seinen heiligen Namen auf diesen Quadratmetern niedergelegt. Darauf kommen wir im Laufe dieser Predigtreihe noch einmal zurück. Genau darum handelt letztendlich der ganze Nahostkonflikt, der ganze Terz um Jerusalem: um Gottes heiligen Namen und die Tatsache, dass er ihn dort niedergelegt hat. Wer das nicht begreift, hat vom ganzen Nahostkonflikt letztlich überhaupt nichts begriffen und auch nichts vom ganzen Kampf von Licht und Finsternis, der um diesen Ort kreist. Um dieses heiligen Namens willen hat Gott schon rund 1500 Jahre vor Christus sein Volk aus der Sklaverei in Ägypten geführt, so sagt er es ausdrücklich in Hesekiel 20,9. Um dieses heiligen Namens willen wird er sein Volk auch am Ende der Zeit wieder sammeln und aus allen Völkern der Erde zurückführen, so sagt er es ausdrücklich in Hesekiel 36,22f. Dort lesen wir: ***„Darum sage zum Haus Israel, so spricht der Herr Jahwe, nicht um euretwillen handle ich."***

Also noch einmal, ihr lieben Geschwister, die ihr Probleme habt mit so manchen Fehlentwicklungen im Volk Gottes und die ihr euch fragt: „Wie kann Gott so einen missratenen Haufen als sein auserwähltes Volk weiter akzeptieren?" Gott sagt schon vor 2600 Jahren zu diesem „missratenen Haufen: ***„Nicht um euretwillen handele ich, Haus Israel, sondern um meines heiligen Namens willen, den ihr unter den Nationen, zu denen ihr gekommen seid, entweiht habt."*** Gott liest ihm ständig klar und deutlich die Leviten. Er macht dieses Volk nicht besser, als es ist. Und gerade weil die Bibel dies weder im Alten noch im Neuen Testament tut, gab es auch schon Bestrebungen, die Bibel als antisemitisches Buch verbieten zu lassen, weil Gott seinem Volk in seinem Wort so deutlich die Leviten liest. ***„Und ich werde meinen großen, unter den Nationen von euch entweihten Namen heiligen. Und die Nationen werden erkennen, dass ich der HERR bin, spricht der HERR."*** Darauf folgt die für viele so schwer nachvollziehbare Wende: ***„wenn ich mich vor ihren Augen*** (nämlich den Augen der Nationen) ***an euch als heilig erweise."*** Das ist es, was so viele Menschen an diesem Volk so schwer begreifen können. Diesem Volk, welches seinen Namen seit Jahrtausenden fortlaufend entheiligt, entweiht und ihm Schande über Schande bereitet, zeigt sich Gott nicht heilig, indem er es für Zeit und Ewigkeit in Grund und Boden stampft, sondern indem er seine Liebe und Treue an ihm erweist. Genau darin, liebe Geschwister, hat doch gerade Israel so eine große und auch geistliche, zeichenhafte Bedeutung, weshalb ich so begeistert bin, wenn ich auf Israel schaue. Gott verwirft diesen „Sauhaufen" nicht einfach, sondern erhält ihm

Bund, Treue und Liebe. Egal wie es sich verhalten hat, es bekommt die Chance, wieder umzukehren und genau das gilt auch für uns! Egal wie schlimm und elend Menschen sich dem lebendigen Gott und ihren Mitmenschen gegenüber verhalten haben, sie dürfen wieder umkehren. Dafür steht Gottes Weg mit Israel zeichenhaft und darum ist es auch eine geistliche Katastrophe, wenn wir das zerreden und uns dieses Zeichen Israel nehmen lassen.

Seit Jahrtausenden schauen die Menschen, wenn sie Israel hören, auf dieses Volk und sehr häufig dabei auf unrühmliche Vertreter dieses Volkes. Wie schon gesagt, diese gab und gibt es leider im Laufe der Jahrhunderte mehr als reichlich. Ich hatte bereits früher gesagt, dass Israel berufen war, ein Segen für die Völker zu sein. Das ungehorsame und unter dem Gericht Gottes stehende Israel ist allerdings ein Fluch für die Völker geworden. Gleiches gilt für die ungehorsame, christliche Kirche und Gemeinde, die heute nicht mehr Segen, sondern für die Menschen zum Fluch wird. Wenn nun Menschen auf jüdische Wucherer, Kaufleute und Finanzeliten schauen und das immense Unheil, das diese tatsächlich quer durch die Jahrhunderte über unzählige Menschen und wahrscheinlich ganze Völker gebracht haben, dann bekommen sie einen dicken Hals bei dem Gedanken daran, dass diese Leute zum auserwählten Volk Gottes gehören sollen. Nochmals: Liebe Geschwister, liebe Leser, diese ***„hochmütigen Verderber“*** der Menschheit hat Gott genau im Auge und er wird sie zur Rechenschaft ziehen und strafen, wie oben beschrieben. Trotz dieser hochmütigen Verderber, die zu diesem Volk gehören, steht dieses Volk als solches immer noch unter der Erwählung Gottes sowie unter der Verheißung seiner Liebe und Treue.

Den Anlass, dass durch den Blick auf diese selbsternannten Philanthropen (Menschenfreunde, aber in Wirklichkeit Verderber der Menschheit) eine antijüdische Stimmung entsteht und eine Abneigung beim Gedanken, dass Israel auch bis heute noch Gottes auserwähltes Volk sein könnte, den verstehe ich. Ein zulässiger Grund ist es trotzdem nicht! **Und gebe bitte niemand den letzten Satz ohne diesen weiter.** Wir dürfen nie ein ganzes Volk an seinen unrühmlichen Individuen messen. Ich möchte als Deutscher schließlich auch nicht mit Merkel, Maas, Spahn, Söder, Kretschmann und anderen Verwüstern unseres Volkes gemessen und über einen Leisten geschlagen werden. Wer das als Deutscher nicht möchte, der sollte das Volk Israel auch nicht so behandeln, wie er das Volk der Deutschen auf keinen Fall behandelt sehen möchte. Wir sollten uns weder in diesem noch in einem anderen Fall im Blick auf Individuen beeindrucken lassen, wenn es um ein Volk als Ganzes geht. Vor allem aber sollen wir überhaupt nicht auf das Volk Israel, sondern auf den Herrn schauen. Es geht einzig und allein wirklich nur um ihn.

Zum Schluss ist noch eines ganz wichtig zu erwähnen: Wir müssen den rechten Blick auf Gott und sein Volk haben. Lest euch dazu Hesekiel 16,1-14 ruhig mehrmals aufmerksam durch.

„Und das Wort des HERRN geschah zu mir so: Menschensohn, lass Jerusalem ihre Gräuel erkennen und sage: So spricht der Herr, Jahwe, zu Jerusalem: Deine Herkunft und deine Abstammung sind aus dem Land der Kanaaniter; dein Vater war ein Amoriter und deine Mutter eine Hetiterin. Und „was" deine Geburt „betrifft": an dem Tag, als du geboren wurdest, wurde deine Nabelschnur nicht abgeschnitten ..." (Das heißt, sie wurde nicht ordentlich und anständig entbunden. Ob sie nun jemand abgenagt oder ob man sie abgerissen hat, spielt keine Rolle. Gott sagt uns im Grunde, dass es ein von Anfang an missratenes Volk war. Gott redet hier wohlgemerkt von *seinem* Volk!) ***„... und du wurdest nicht mit Wasser abgewaschen zur Reinigung und nicht mit Salz abgerieben und nicht in Windeln gewickelt. Niemand blickte mitleidig auf dich."*** Das heißt, frei übersetzt: Wütend aus dem Mutterleib gerissen oder wie auch immer, hat man es auf die Seite geworfen. Einige von uns waren vielleicht bei der Entbindung ihrer Kinder dabei. Bei mir war das der Fall bei unseren beiden Kindern. Man ist da ja am Anfang doch ein bisschen erschrocken, wenn da so ein blutiges, verschmiertes Bündel rauskommt, das erst einmal sauber gemacht werden muss, damit es halbwegs anständig aussieht. Und Gott sagt: „Nein, dich hat man genau so gelassen", so dreckig, so blutig, so verschmiert, so faltig, so runzelig, so zahnlos und haarlos und überhaupt. ***„Niemand blickte mitleidig auf dich, um dir eines dieser Dinge aus Mitleid mit dir zu tun*** (Dinge, die man ganz selbstverständlich mit einem Neugeborenen erst einmal tut), s***ondern du wurdest auf die Fläche des Feldes geworfen, aus Abscheu vor deinem Leben, an dem Tag, als du geboren wurdest."*** Das sagt Gott über sein Volk, ein mit Abscheu auf die Seite geworfenes, dreckiges, blutiges und verschmiertes Bündel. Weiter heißt es: ***„Da ging ich an dir vorüber und sah dich in deinem Blut zappeln; und zu dir in deinem Blut sprach ich: Bleibe leben!"*** Wenn wir auf Israel blicken, schauen wir nur auf den lebendigen Gott, ohne den dieses Volk gar nicht wäre. ***„Ja, zu dir in deinem Blut sprach ich: Bleibe leben und wachse wie das Gewächs des Feldes! Und du wuchsest heran und wurdest groß und du gelangtest zu höchster Anmut; die Brüste rundeten sich*** (Gott bleibt hier ganz im Bild des Bräutigams und der Braut. Israel als eine Frau wird schön, weiblich und attraktiv.) ***und dein Haar wuchs reichlich; aber du warst nackt und bloß. Und ich ging an dir vorüber und sah dich, und siehe, deine Zeit war da, die Zeit der Liebe; und ich breitete meinen Zipfel*** (das Gewand) ***über dich aus und bedeckte deine Blöße*** (Gott hat sich wieder seines Volkes angenommen). ***Und ich schwor dir und trat in einen Bund mit dir, spricht der Herr, HERR,*** (gemeint ist der Ehebund) ***und du wurdest mein. Und ich wusch dich mit Wasser und spülte dein Blut von dir ab und salbte dich mit Öl. Und ich bekleidete dich mit Buntwirkerei und beschuhte dich mit Delfinhäuten, ich umwand dich mit Byssus und bedeckte dich mit Seide. Und ich schmückte dich mit Schmuck: ich legte Spangen um deine Handgelenke und eine Kette um deinen Hals, und ich legte einen Reif an deine Nase*** (was eben zum orientalischen Schmuck dazu gehört) ***und Ringe an deine Ohren und eine prachtvolle Krone auf deinen Kopf. So legtest***

du goldenen und silbernen Schmuck an, und deine Kleidung aus Byssus, Seide und Buntwirkerei. Du aßest Weizengrieß und Honig und Öl. Und du warst sehr, sehr schön und warst des Königtums würdig. Und dein Ruf ging aus unter die Nationen wegen deiner Schönheit." Es kann erst jetzt, am Ende, die Rede von der endzeitlichen Wiederherstellung Israels sein, denn bisher ist Israel von dieser Schönheit noch meilenweit entfernt. Ganz zum Schluss sagt der himmlische Vater über sein Weib Israel: ***„Denn sie war vollkommen durch meinen Glanz, den ich auf dich gelegt hatte, spricht der Herr, Jahwe."***

Sie war vollkommen durch seinen Glanz, den er auf sie gelegt hatte. Mir ging da als Bild ein großer Geigenvirtuose durch den Kopf. Denken wir an den sagenhaften grandiosen Paganini, der zu einem Meister des Violinenbaus kommt und eine passende Geige sucht. Er sagt nicht *„Gib mir die kostbarste Geige, die schönste Stradivari mit dem wärmsten, herrlichsten und wundervollstem Klang"*, sondern *„Gib mir das jämmerlichste Teil, das du irgendwo in der Ecke deines Ladens noch rumliegen hast, und wenn du oben auf dem Speicher oder unten im Keller oder draußen in der Scheune suchen musst."* Denken wir hier auch an die Berufung Davids zum König. *„Das jämmerlichste Teil, das irgendwo zwischen Abfall und Holz noch rumliegt und eigentlich vielleicht schon längst verbrannt werden sollte, weil es, außer dem Brennwert, keinen anderen Wert mehr hat, das gib mir. Denn ich will der Welt zeigen, dass ich auf so einem jämmerlichen Teil schöner spielen kann als andere auf der herrlichsten Stradivari."* Es geht nicht um die Geige, sondern es geht um den Geiger. Seht ihr nun, weshalb ich über alle Maßen hinaus begeistert bin, wenn ich auf Israel schaue? Darum nämlich, weil wir am Umgang Gottes mit diesem halsstarrigen und oft so entsetzlich aufrührerischen Volk die unvorstellbare Liebe und Treue Gottes sehen. Und wenn schon Gott diesem „wüsten Haufen" in solcher Geduld, Liebe und Treue den Bund hält, wie viel mehr wird er in Liebe und Treue zu uns stehen und seine Verheißungen an uns wahr machen, wenn wir ihm vertrauen und seinen Geboten gehorchen. Diese Begeisterung an der Liebe und Treue Gottes und dieses felsenfeste Gegründet-sein in der absoluten Zuverlässigkeit, wie wir es an Israel sehen, werden wir in den kommenden Tagen bis zur Entrückung der Gemeinde ganz dringend brauchen. Ein solches felsenfeste Vertrauen in seine Liebe und Treue, für die Gottes Weg mit Israel eine zeichenhafte Bedeutung hat, möge der himmlische Vater uns allen schenken und täglich mehren. Amen!

Ich bete mit uns:

Lieber himmlischer Gott und Vater, gerade wenn wir auf dein Volk Israel sehen, mutest du unseren Gedanken, unserem Gerechtigkeitsempfinden viel zu - wenn wir auf dieses Volk schauen und sehen, wie es deinen Namen immer und immer wieder in den Schmutz getreten hat,- wenn wir sehen, wie du es aus Ägypten heraus geführt hast und es immer noch murrt und klagt, obwohl du es gerade vor den Horden des Pharaos gerettet hast. 40 Jahre lang hast du die Israeliten mit Manna gespeist und sie jammern, ihnen ekelt es vor dieser göttlichen Speise. Da ist es für uns unvorstellbar, wie du diesen wüsten Haufen die Treue halten kannst. Aber wenn wir uns selber einmal an diese Stelle stellen und ehrlich zu uns sind, ist uns dieses Volk nicht gerade auch darin ein Vorbild, dass wir uns an ihm messen und danach fragen: Sind wir wirklich besser?
Wenn wir uns darüber aufregen, dass du diesem Volk bis zum heutigen Tag Bund, Liebe und Treue erweisen willst, weil wir zurecht die ungeheuren Schandtaten und Gräueltaten, die von Vertretern dieses Volkes über die Welt gebracht wurden und werden, sehen - da müssen wir uns fragen: Sind wir wirklich besser? Verdienen wir deine Gnade wirklich mehr als dieses Volk? Und hast du es uns nicht gerade darin zum Vorbild gemacht, dass du es - trotz, dass es so ein wüster Haufen ist, - immer noch liebst. Du liebst auch immer noch uns, obwohl auch wir immer wieder deinem Namen Unehre bereiten. Danke dafür, dass wir umkehren dürfen zu dir, in deine immer noch offenen Vaterarme und dass du zu uns Ja sagst. Ein Ja, wie es auch

im Gleichnis vom verlorenen Sohn steht. Dreckig, stinkend, direkt von den Schweinen kommend, ihren Kot wahrscheinlich noch an Gewand und Füßen, nimmst du ihn in den Arm, wie du auch uns in den Arm nimmst. Wir kommen direkt aus der sündigen Welt, aus Schmach und Schande, und du schließt uns dennoch in deine Vaterarme. Wir bitten dich, HERR, wo diese Zeit der Gnade schnell zu Ende geht und vielleicht viel schneller zu Ende gehen kann als sich mancher heute vorstellen mag - schenk doch, dass noch viele diese verbleibende Gnadenzeit nutzen und in deine offenen Vaterarme umkehren, wo sie Heil und Liebe bei dir in Zeit und Ewigkeit finden. Amen.

Teil 3

Hesekiel 37,21-28:

„So spricht der Herr, HERR, siehe, ich nehme die Söhne Israel aus den Nationen heraus, wohin sie gezogen sind, und ich sammle sie von allen Seiten und bringe sie in ihr Land. Und ich mache sie zu einer Nation im Land, auf dem Berg in Israel und ein einziger König wird für sie alle zum König sein und sie sollen nicht mehr zwei Nationen werden und sollen sich künftig nicht mehr in zwei Königreiche teilen. Und sie werden sich nicht mehr unrein machen mit ihren Götzen und ihren Scheusalen und mit allen ihren Vergehen und ich werde sie retten aus all ihren Treulosigkeiten, durch die sie gesündigt haben. Und ich werde sie reinigen und sie werden mir zum Volk und ich werde ihnen zum Gott sein. Und mein Knecht David wird König über sie sein, und sie werden alle einen Hirten haben und sie werden in meinen Rechtsbestimmungen leben und meine Ordnungen bewahren und sie tun. Und sie werden in dem Land wohnen, das ich meinem Knecht Jakob gegeben habe, in dem eure Väter gewohnt haben. Und sie werden darin wohnen, sie und ihre Kinder und Kindeskinder, bis in Ewigkeit. Und mein Knecht David wird ihr Fürst sein, für ewig. Und ich schließe mit ihnen einen Bund des Friedens, ein ewiger Bund wird es sein mit ihnen. Den gebe ich ihnen und lasse sie zahlreich werden und setze mein Heiligtum in ihre Mitte für ewig. Meine Wohnung wird über ihnen sein und ich werde ihnen zum Gott und sie werden mir zum Volk sein. Und die Nationen werden erkennen, dass ich der HERR bin, der Israel heiligt, wenn mein Heiligtum für ewig in ihrer Mitte ist."

Am Ende der Tage

Hier in Hesekiel 37,21-28 gebietet Gott seinem Propheten Hesekiel und redet zu seinem Volk Israel. ***„So spricht der Herr, HERR, siehe ich nehme die Söhne Israel aus den Nationen heraus, wohin sie gezogen sind, und ich sammle sie von allen***

Seiten und bringe sie in ihr Land. Und ich mache sie zu einer Nation im Land, auf dem Berg in Israel und ein einziger König wird für sie alle zum König sein und sie sollen nicht mehr zwei Nationen werden und sollen sich künftig nicht mehr in zwei Königreiche teilen. (Gemeint sind hier das Nordreich Israels mit den zehn Stämmen und das Südreich Juda mit den beiden Stämmen des Südens.) ***Und sie werden sich nicht mehr unrein machen mit ihren Götzen und ihren Scheusalen und mit allen ihren Vergehen und ich werde sie retten aus all ihren Treulosigkeiten, durch die sie gesündigt haben. Und ich werde sie reinigen und sie werden mir zum Volk und ich werde ihnen zum Gott sein. Und mein Knecht David wird König über sie sein*** (Hier ist nicht die Rede vom ersten wirklichen König David, denn der war schon 400 Jahre vorher gestorben, sondern vom „Sohn" Davids, dem Messias, der als Herrscher kommt.) ***und sie werden alle einen Hirten haben und sie werden in meinen Rechtsbestimmungen leben und meine Ordnungen bewahren und sie tun. Und sie werden in dem Land wohnen, das ich meinem Knecht Jakob gegeben habe, in dem eure Väter gewohnt haben. Und sie werden darin wohnen, sie und ihre Kinder und Kindeskinder, bis in Ewigkeit. Und mein Knecht David wird ihr Fürst sein, für ewig. Und ich schließe mit ihnen einen Bund des Friedens, ein ewiger Bund wird es sein mit ihnen. Den gebe ich ihnen und lasse sie zahlreich werden und setze mein Heiligtum in ihre Mitte für ewig. Meine Wohnung wird über ihnen sein und ich werde ihnen zum Gott und sie werden mir zum Volk sein. Und die Nationen werden erkennen, dass ich der HERR bin, der Israel heiligt, wenn mein Heiligtum für ewig in ihrer Mitte ist."***

In Teil 2 habe ich Israels zeichenhafte Bedeutung breit dargestellt, da es bei diesem Thema auch unter bibeltreuen Christen gegensätzliche Sichtweisen gibt. Ergänzend will ich aber noch auf eine gelegentlich reich diskutierte Sache hinweisen: Wenn wir heute von Israel oder *den* Juden reden, dann sollte klar sein, dass *die* Juden im engeren Sinne natürlich nur die Nachkommen des Stammes Juda sind. Nach der Zerstreuung der zehn Nordstämme kam aber allmählich der Name „Juden“ als stellvertretende Bezeichnung im Sinne eines Pars pro toto, eines Teils, der für das Ganze steht, für ganz Israel, in Gebrauch. Dass der allmächtige Gott bei der endzeitlichen Wiederherstellung Israels alle 12 Stämme im Blick haben wird, steht außer Frage. Das zeigt allein schon die Versiegelung der 144 000 aus den zwölf Stämmen Israels in der Offenbarung. Im Hinblick auf die sogenannten zehn verlorenen Stämme des Nordreichs Israels, die durch die Babylonier verschleppt wurden und nicht mehr zurück kehrten, gibt es übrigens durchaus Indizien dafür, dass wir Europäer und in der Folge davon auch die Nordamerikaner in Teilen auf diese zehn Stämme Israels zurück gehen. Ein sehr beeindruckendes Indiz ist, dass offenbar besonders das Altwalisische und auch das Altenglische markante Entsprechungen zum Hebräischen haben. Es könnte also durchaus sein, dass wenn wir von Juden im Sinne von ganz Israel sprechen, in Teilen auch von uns selbst reden. Von daher ist dieser Gedanke vielleicht gar nicht so uninteressant. Ein bekanntes Beispiel ist der Familienname „Kuhn“. Der kommt, zumindest teilweise, vom hebräischen Namen „Koren“- der Bezeichnung für die levitischen Priester. Ein nicht geringer Teil derer, die heute in Deutschland den Familiennamen „Kuhn“ tragen, dürfte genealogisch tatsächlich auf die levitische Priesterschaft zurück gehen.

Im vorigen Teil haben wir von der weltweiten Zerstreuung Israels unter alle Völker gesprochen sowie seiner Bewahrung durch zwei Jahrtausende des Fluchs, des Gerichts Gottes hindurch. Heute leiten wir mit einigen Versen des Propheten Hosea zur Rückkehr Israels ins verheißene Land über. Gott ließ Hosea schon im 8. Jahrhundert vor Christus ankündigen: ***„Denn die Kinder Israel werden viele Tage ohne König bleiben, und ohne Fürsten und ohne Schlachtopfer und ohne Bildsäulen und ohne Ephod und ohne Teraphim. Danach, nach diesen vielen Tagen, werden die Kinder Israels zurück kehren und den Herrn, ihren Gott, und David, ihren König, suchen. Und***

die werden sich zitternd wenden zu dem Herrn und zu seiner Güte, am Ende der Tage." Hosea 4-5.

Nun werden manche kommen und sagen, das beziehe sich ja auf die 70-jährige babylonische Gefangenschaft, die 605 v. Chr. unter Nebukadnezar begann, sowie auf die anschließende Rückkehr. Das könnte möglicherweise für den ersten Teil dieser Vorhersage in Vers 1 zutreffen, aber auch das nicht wirklich, denn ganz eindeutig passt es nicht auf die Vorhersage in Vers 5. Wir haben mehrere wichtige Stichworte, die wir keineswegs übersehen dürfen; so ist davon die Rede, dass *Israel* zurück kehrt. Im Blick auf die babylonische Gefangenschaft waren es aber nur die Juden, die zurückgekehrt sind. Die zehn Nordstämme Israels waren schon rund 200 Jahre vorher durch die Assyrer zerstreut und sind *nicht* mehr zurückgekehrt. Außerdem sind 70 Jahre, die bis zur Rückkehr für die babylonische Gefangenschaft gelten, im biblischen Zusammenhang kaum ***„viele Tage"***, sondern eine eher relativ kurze Zeit. Ferner sagt Gott, dass sie ***„sich zitternd wenden zu dem Herrn und zu seiner Güte"***. Das hat Israel bis heute nicht getan. Weiter heißt es, dass sie ***„David, ihren König, suchen"*** werden. Wie wir im Predigttext Hesekiel 37 gesehen haben, geht es hier um den Messias als königlicher Herrscher über Israel. Der kam aber bisher nur als Heiland; es ist also nicht erfüllt und kann damit nicht gemeint sein. Der eindeutigste Punkt ist schließlich, dass Gott sagt, wann das geschehen soll: ***„am Ende der Tage"***. Daher lautet auch das Unterthema der heutigen Predigt: Am Ende der Tage.

Das Ende der Tage ist aber immer die Zeit, in der der Messias als Herrscher, als Sohn Davids kommt. Er kommt dann als König Israels und nicht als Gottesknecht, der die Sünde der Welt trägt. Diese Zeit, in der er als Davids Sohn und Herrscher Israels kommt, wird im Alten Testament zwar häufig mit dem ersten Kommen als Heiland zusammen gesehen, nie aber ist dieses erste Kommen als Heiland, für sich allein betrachtet, ein Geschehen am Ende der Zeit. Das „Ende der Tage" ist in der Bibel immer die Zeit, in der die Zeit der Heiden zu Ende geht, Gott das Schicksal seines Volkes wenden und Jesus nicht als Heiland, sondern als Herrscher zum Gericht über die Völker wiederkommen wird. Bevor wir zu dieser Rückkehr Israels ins verheißene Land, dem Bau eines neuen Tempels und der Wiedereinführung der alttestamentlichen Opfer kommen, habe ich hier noch einen Hinweis: Viele Christen haben Probleme damit, weil sie zu einlinig denken, und so kommt ganz häufig der Einwand: *„Ja, aber wir Christen brauchen doch keinen neuen Tempel mehr und wir brauchen doch keine Opfer. Jesus hat doch das Sühneopfer ein für allemal erbracht und wir selbst sind doch der Tempel des Heiligen Geistes."* Völlig richtig! Für uns als Gemeinde Jesu stimmt das, jedoch *nicht* für das heutige Israel. Denn in dieser Erkenntnis ist das heutige Israel ja noch gar nicht; es gelangt erst noch dorthin, dann nämlich, wenn Christus sichtbar wieder kommt. Dann, wenn sie sehen, in welchen sie gestochen haben, erst dann werden sie Jesus als ihren Messias erkennen und annehmen. Bis dahin bleibt das national-ethnische Israel noch im Denken des alten Bundes und strebt, solange es noch unter dem Fluch Gottes steht, nach den Ordnungen des alten Bundes, einschließlich der Tempelopfer und des Priesterdienstes. Da das national-ethnische Israel bis heute nicht vom Geist Gottes geleitet ist, sind bisher nur ganz wenige zum Glauben an Jesus gekommen und wir sehen naturgemäß im ganzen Geschehen auch sehr wenig Geistliches. Daran stören sich viele, aber es kann gar nicht anders sein, im Gegenteil: Bei dem, was wir im Werden des Staates Israel erleben, dürfte, oberflächlich betrachtet, äußerlich so einiges ein Werk Satans sein. Im Grunde kann man sagen: Hier wiederholt sich formal das Geschehen um Karfreitag. Als Satan Jesus ans Kreuz gebracht hat, dachte er, er habe einen großen Sieg errungen. Sein Plan war es, Jesus aus dem Weg zu räumen, und er wusste nicht, dass er damit zur Erfüllung des Heilsplans Gottes beiträgt. So verfolgt Satan mit der Sammlung Israels im verheißenen Land und dem Bau des nächsten Tempels seine Ziele, muss damit aber gleichzeitig zur Erfüllung der Verheißungen beitragen.

Da die meisten bibeltreuen Christen seit Jahrhunderten vor Augen haben, dass Gottes Weg mit seinem Volk Israel noch nicht zu Ende ist, sondern er sein Volk am Ende der Tage in das verheißene Land zurückbringen will - was ein wichtiges Zeichen sein wird, wobei auch die Gemeinde Jesu im Ablauf der Heilsgeschichte steht - haben sie sehr gespannt darauf geschaut, was diesbezüglich mit den Juden geschieht. Als 1948 der Staat Israel ausgerufen wurde, da wussten sie, dass wir dem Ende der Tage sehr nahe gekommen sind. Gott hat sichtbar damit begonnen, das Schicksal seines Volkes zu wenden. Die Juden selbst wussten von dieser Verheißung, denn 2000 Jahre lang verabschiedeten sie sich beim jährlichen Passah mit den Worten: *„Nächstes Jahr in Jerusalem."* Sie wussten, sie haben die Verheißung, dass Gott sie ins Land der Väter zurück bringen wird. Roger Liebi nennt als Beginn dieser Zeit das Jahr 1882. In der Mitte des 19. Jahrhunderts gab es, seinen Angaben zur Folge, nur etwa 6700 Juden im verheißenen Land, aber seit 1882 sind mehr als 3 Mio. Juden aus mehr als 130 Ländern in das Land der Väter heimgekehrt. Durch seinen Propheten Jeremia ließ Gott ankündigen: ***„es sollen Felder gekauft werden in diesem Land, von dem ihr sagt, es ist öde, ohne Menschen und ohne Vieh"*** (Jeremia 32,43). Genauso, wie Gott es durch sein Wort vorhersagte, ist es geschehen. Dieses Land war damals tatsächlich total verödet. Mark Twain schrieb 1869, nachdem er die Gegend bereist hatte: *„Von allen trostlosen Gegenden, glaube ich, ist Palästina die ödeste."* Dabei war es einst das Land, in dem Milch und Honig flossen; aber unter dem Gericht Gottes verödete das Land. Gott hat gesagt, es sollen Felder gekauft werden, und tatsächlich kauften Juden viel von diesem öden Land und verwandelten die Wüste in fruchtbares Land. Meines Wissens wurden keine Palästinenser vertrieben, einen Staat Palästina gab es überdies auch nie; und obwohl die Juden also durch vollkommen rechtmäßigen Erwerb des Landes dorthin zurückkehrten, gab es bis zum heutigen Tag gegen diese Rückkehr viele Widerstände. Hier spiegelt sich der Kampf zwischen Licht und Finsternis wieder.

Gott nutzte zwei große Katastrophen, um die Wege für sein Volk zu ebnen: den Ersten und den Zweiten Weltkrieg. Ohne diese wäre, menschlich betrachtet, die Rückkehr Israels in das verheißene Land kaum möglich gewesen. Eine Nebenwirkung des 1. Weltkrieges war die sogenannte Balfour-Erklärung vom 2. November 1917, die Israel wieder ein Anrecht an seinem Land einräumte. Auf die Hintergründe, wie es zur Balfour-Erklärung kam, muss ich hier nicht eingehen, aber es sei gesagt: Da war viel Abgründiges bei. Dennoch bekam Israel das verheißene Land zunächst nicht. Erst der 2. Weltkrieg sorgte für das schlechte Gewissen der Nationen, so dass das Versprechen der Balfour-Erklärung wenigstens ansatzweise eingelöst wurde. Vom sogenannten Palästina erhielten die Juden allerdings nur gut 10 Prozent. Selbst von dem Land, das sie in Jahrzehnten zuvor rechtmäßig gekauft hatten, wurde ihnen vieles nicht zuerkannt. Ungeachtet dieser Tatsache, dass sie nur einen winzigen Teil des eigentlichen Gebiets bekamen, tobte die islamische Welt gegen die Gründung des Staates Israel. Die offizielle Staatsgründung geschah am 14. Mai 1948. David Ben-Gurion erklärte über das Radio: *„Hier Staat Israel. 2000 Jahre sind vergangen. Wenn für Gott die Zeit gekommen ist, kann ihm niemand widerstehen.“* Das zeigte dieses Jahr, das zeigten die darauffolgenden Jahre bis heute und es ist auch für uns ein ganz großer Trost, denn die Zeit, in welcher der wiederkommende Herr Jesus Christus das Böse vernichten und ausrotten wird, ist nahe herbei gekommen. Auch da gilt: Wenn für Gott die Zeit gekommen ist, kann ihm niemand widerstehen.

Wenn wir heute im Zuge des Corona-Wahnsinns über Nacht eine globale Diktatur haben kommen sehen, die den Völkern und Menschen dieser Welt grundlegendste Freiheitsrechte raubt und jede Menschenwürde mit Füßen tritt, dann dürfen wir gewiss sein: Der Befreier kommt! Er steht im Grunde schon vor der Tür. Wir dürfen uns aber nicht täuschen lassen, denn vor dem richtigem Befreier kommt der Falsche: der Antichrist. Dafür bereiten zunächst auch die Entwicklungen um Israel den

Weg. Es handelt sich also um ein ganz ambivalentes Geschehen, das man nicht einfach zu oberflächlich und einlinig betrachten darf.

Doch zunächst zurück zur Geschichte: In der Nacht nach der Ausrufung des Staates Israel brach 1948 der Krieg von sieben islamischen Ländern gegen Israel los. Eine 50-fache militärische Übermacht wollte die Juden ins Meer treiben und den jungen Staat Israel gewissermaßen im Augenblick seines Entstehens wieder auslöschen. Aber Gott bewahrte sein Volk. Es musste zunächst schwerste Verluste hinnehmen. Jordanien eroberte den Tempelberg und Ostjerusalem, Gebiete, die eigentlich unter internationaler Verwaltung standen und bleiben sollten. Juden, die dort lebten, wurden abgeschlachtet, vernichtet und vertrieben; unzählige alte Gräber auf dem Ölberg wurden entweiht; jüdische Ortschaften im sogenannten Westjordanland wurden konfisziert, geplündert und verwüstet, die Bewohner abgeschlachtet oder vertrieben. Dass aber eine gewaltige Übermacht von mehreren muslimischen Armeen am Ende den Krieg gegen die schlecht bewaffneten Juden verlor, war eine tiefe Demütigung der islamischen Welt und zugleich ein überwältigender Beweis für die Treue Gottes zu seinem Volk. Diese empfundene Demütigung muss man bis zur heutigen Zeit zur Kenntnis nehmen, denn aus der Sicht des Islam waren die ganzen Siege Israels über die islamischen Gegner bis zum heutigen Tag eine tiefe Schmach für Allah und den Islam; eine Scharte, die es wieder auszuwetzen gilt, koste es, was es wolle. Deshalb werden wir am abgrundtiefen Hass großer Teile der islamischen Welt gegen Israel nie eine substantielle Änderung sehen können. Das schließt sich vom Selbstverständnis des Islams und der Ehre Allahs her gedacht wesensmäßig aus.

In den Folgejahren ließen sich die Feinde Israels wieder, etwa durch die Sowjetunion, mit modernsten Waffen aufrüsten. 1967 waren sie sich sicher, eine so gewaltige militärische Überlegenheit erreicht zu haben, um Israel nun zerstören zu können. Im sogenannten Sechs-Tage-Krieg folgte der zweite Versuch. Doch auch hier verwandelte Gott die drohende Niederlage in einen grandiosen Sieg. Israel führte den ersten Schlag und zerstörte innerhalb weniger Stunden die Luftwaffe von Ägypten, Syrien und dem Irak am Boden. Weil Jordanien gegen ausdrückliche Warnungen Israels ebenfalls in den Krieg eingriff, erhielt ein Fallschirmspringertrupp den Befehl, Ostjerusalem und den Tempelberg zurück zu erobern. Nach fast 2000 Jahren kam ganz Jerusalem, einschließlich des Tempelbergs, wieder in jüdische Hand. Man kann sich vielleicht kaum vorstellen, was das für die jüdische Seele bedeutet hat. Zudem wurde das ganze Westjordanland besetzt und im Kampf gegen Syrien fielen die Golanhöhen an Israel. An der ägyptischen Front eroberte Israel den Gazastreifen sowie die gesamte Sinaihalbinsel.

Das ist heute durchaus wichtig zu wissen, denn Israel hat große Teile dieser Gebiete längst schon wieder abgegeben. Land für Frieden. Nur sechs Jahre später eröffneten Syrien und Ägypten den nächsten Krieg gegen Israel, und das ausgerechnet am *Jom-Kippur-Fest, dem* in der Volksfrömmigkeit heiligsten Tag des Jahres. An diesem großem Feiertag, völlig überrascht, erlitten die Israeliten zunächst herbe Verluste, konnten sich aber in unglaublich kurzer Zeit durch die Gnade Gottes sammeln und schlugen alle feindlichen Truppen. Nach Süden drang die israelische Armee bis über den Suezkanal und bezog 120 km vor Kairo Stellung. Ich kann mich noch erinnern, wir hatten damals noch gar keinen eigenen Fernseher, wie ich als Jugendlicher bei Bekannten vor dem Fernsehgerät saß und auf dem Bildschirm die Panzer, die in Ägypten vor Kairo Stellung bezogen hatten, an mir vorüber rollten. Im Norden wurden die Syrer bis 32 km vor Damaskus zurückgedrängt. Erneut hat Gott sein Volk in aussichtsloser Lage bewahrt.

Ich erwähne diese drei großen, bisher stattgefundenen kriegerischen Auseinandersetzungen gegen den Staat Israel und die Juden, da insbesondere die jüngere Generation von diesen Ereignissen, die nunmehr 50 Jahre und länger zurück liegen, kaum noch etwas wissen dürfte. Viele Ältere haben es wohl auch wieder verdrängt. Israel wird in unseren zumeist judenfeindlichen Medien in der Regel von den EU und UNO als *der* große Aggressor und Friedensfeind im Nahen Osten dargestellt. Im Wesentlichen ist aber das Gegenteil richtig. Es hat diese Gebiete rechtmäßig erworben. Es hat sie nicht in Angriffs- sondern in Verteidigungskriegen teilweise erobert. Manches von diesen eroberten Gebieten hat Israel aus strategischen Gründen behalten, aber viel Land hat es, in der vergeblichen Hoffnung, seine muslimischen Nachbarn für den Frieden gewinnen zu können, wieder zurück gegeben. Der weitere Terror gegen Israel in der ersten und zweiten Intifada[4], der schließlich zum Bau der Mauer in Israel führte, ist dann schon eher bekannt. Es gibt wohl bis heute kein anderes Land der Erde, das unter einer derart ständigen existenziellen Bedrohung leben muss.

Mittlerweile haben sowohl Russland wie auch die USA und weitere Länder Jerusalem als Hauptstadt Israels anerkannt. Der Bau eines Tempels wird schon seit langem vorbereitet und der Opferdienst wird geübt. Nach 2019 wurde auch dieses Jahr der Antrag gestellt, auf dem Tempelberg ein Passah-Opfer darbringen zu dürfen. Der Friedensplan, den Donald Trump vorgelegt hat, würde dies eindeutig erlauben, doch noch kam es meines Wissens auch dieses Jahr nicht dazu. Ich wurde schon mehrfach gefragt, wie ich Donald Trumps Friedensplan für den Nahen Osten einordne. Ich habe keinen Zweifel, dass dieser Friedensplan die in der Bibel angekündigten Ereignisse deutlich weiter vorantreiben dürfte. Allerdings sehen wir die Zwiespältigkeit des Geschehens auch in diesem Friedensplan. Mir fiel bei den ersten Nachrichten über diesen Friedensplan nämlich sofort ein Passus auf. Da heißt es: Jerusalems heilige Stätten sollen offen und verfügbar bleiben, für friedliche Anbetung und Touristen *allen* Glaubens. Wohlgemerkt, nicht nur für Touristen zum Angucken, sondern für Anbeter. *Jerusa-*

[4] Intifada ist der Name für zwei palästinensische Aufstände gegen Israel; aus dem arabischen;

lems heilige Stätten sollen für Anbeter aller Glaubensrichtungen offen sein. Aber es kommt noch schwieriger: Leuten *jeden* Glaubens, so fährt der Friedensplan fort, sollte es erlaubt sein, nicht nur in Jerusalem im allgemeinen, sondern auch auf dem Tempelberg / Haram asch-Scharif (die muslimische Bezeichnung wurde dazu gesetzt[5]) zu beten. Das zudem in einer Weise, die vollkommen ihre jeweilige Religion respektiert. Also jede Religion dieser Welt soll auf eine Weise, die vollkommen ihre Religion respektiert, auf dem Tempelberg ihre Religion praktizieren und anbeten dürfen. Die Zeiten von Gebeten und Feiertagen jeder Religion sowie andere religiöse Faktoren sollen berücksichtigt werden. Bei dieser Formulierung schrillen bei mir die Alarmglocken! Die harmlose Erklärung wäre, dass Trump mit dieser Formulierung ein Ablenkungsmanöver betreibt, wobei er das Judentum, um dessen Interessen es ja letztlich geht, aus dem Fokus nehmen will, indem er ablenkend von *allen* Religionen spricht.

Tatsächlich ist der Tempelberg ja aber nur für das Judentum von zentraler Bedeutung. Seine Bedeutung für den Islam wurde erst im Nachhinein konstruiert. Im Koran kommt Jerusalem bekanntlich gar nicht vor. Trotzdem ließ Satan dort mehrere Moscheen errichten und beanspruchte damit DEN Ort, jene Quadratmeter, an denen Gott seinen heiligen Namen niederlegte, demonstrativ für sich. Ohne diesen geistlichen Anspruch und Kampf im Hintergrund des Geschehens vor Augen zu haben, kann man den ganzen Nahostkonflikt und Streit um Jerusalem nicht ansatzweise verstehen. Lassen wir uns das noch einmal auf der Zunge zergehen. Die Bibel sagt: Dort in Jerusalem, auf dem Berg Zion, dem Tempelberg, hat der eine allmächtige und wahrhaftige ewige Gott seinen heiligen Namen niedergelegt und damit für Zeit und Ewigkeit in Besitz genommen. Jetzt kommt Satan, lässt dort mehrere Moscheen errichten und dokumentiert damit seinen Anspruch auf dieses Land

---

[5] *haram asch-scharif,* das edle Heiligtum. Da man den Namen der Stätte auf Grund politischer Brisanz neutral halten will, wird in wissenschaftlicher Literatur die Doppelbezeichnung „Tempelberg / al-Haram asch-Scharif" gebraucht.

für sich selbst. Symbolisch wirft er damit auf dem Tempelberg dem allmächtigen Gott den Fehdehandschuh hin.

Zurück zum Friedensplan von Donald Trump. Die weniger harmlose Erklärung wäre, dass Trumps Friedensplan tatsächlich den Weg dazu bereitet, den Tempelberg in ein antichristliches und letztlich damit antijüdisches multireligiöses Zentrum zu verwandeln. Dass Angehörige aller Religionen ihre Götter an dem Ort verehren, an dem der allein wahre Gott seinen heiligen Namen niedergelegt und für seine eigene Verehrung beansprucht hat, ist in dessen Augen nichts anderes als reinste Gotteslästerung und ein Gräuel der Verwüstung an heiliger Stätte. Man kann den Friedensplan Trumps also in mehrfacher Hinsicht durchaus so verstehen, dass er eine unmittelbare Vorbereitung für das ist, wovon Daniel spricht und was Jesus wiederholt: ***„Wenn ihr sehen werdet den Gräuel der Verwüstung an heiliger Stätte.“*** Eine Vermutung von mir geht schon lange in diese Richtung, denn dass auf dem Tempelberg zur Zeit des Antichristen nicht nur der Tempel steht, sondern noch mindestens eine Moschee und eine Kirche, würde sehr gut in das antichristliche, religionsvermengende Geschehen der Endzeit hinein passen. Bibeltreue Christen, die sich mit diesem Thema befassen, beschäftigt darüber hinaus seit Generationen eine spannende Frage: Was soll mit dem Felsendom geschehen, wenn der nächste Tempel gebaut wird? Nach allgemeiner Überzeugung steht der Felsendom genau an dem Platz, an dem früher der Tempel stand und an dem dann logischerweise auch der neue Tempel stehen müsste. Solange aber der Felsendom dort steht, kann dort kein jüdischer Tempel erbaut werden. Daher gibt es diesbezüglich allerlei Spekulationen über Sprengungen, Anschlägen, Erdbeben oder was auch immer, durch die der Weg für den Bau des Tempels freigemacht werden könnte.

Eine andere Frage, die mich schon länger bewegt, ist: Was aber, wenn man den neuen Tempel gar nicht an die Stelle des Felsendoms baut, sondern nördlich davon? Platz ist da genug.

Dann könnten dem Islam die Al-Aqsa-Moschee ganz im Süden und vielleicht auch noch die unterirdische Marwani-Moschee in den Gewölben der Ställe Salomos, auch an der Südmauer gelegen, bleiben. Der Felsendom könnte daraufhin den Christen zurück gegeben werden. Er war sowieso ursprünglich eine Byzantinische Kirche, die dann oberflächlich in eine Moschee umgewandelt wurde. Folglich stünden dort eine Moschee, eine christliche Kirche und nördlich davon der jüdische Tempel einträchtig beieinander. Da der Tempelplatz mit seinen gut 14 ha riesig ist, wäre vor allem dann nach Osten hin noch reichlich Platz für zusätzliche Heiligtümer aller Art. Ganz so, wie es der Friedensplan von Donald Trump vorsieht, wenn man ihn wörtlich nimmt. Gleichzeitig dürfte es auch der freimaurerischen Ideologie einer antichristlichen Religionsvermengung entsprechen. Das ist nur eine Idee von mir.

Damit verbunden sind natürlich die Fragen, ob der Felsendom wirklich da steht, wo einst der Tempel stand, und wenn ja, ob die Juden denn mitmachen würden, den neuen Tempel nicht an seinem ursprünglichen Ort platzieren zu lassen. Hierbei müssen wir allerdings bedenken, dass wir es im entschiedenen Augenblick wohl nicht mit dem nach biblischen Sinne gläubigen, sondern eher satanisch verführten und freimaurerisch denkendem Judentum zu tun hätten, das diese Entscheidung dann trifft. Ob für die dann so wichtig ist, dass der Tempel an seinem Originalplatz steht, ist meines Erachtens dann eine ganz andere Frage. Ich bin jedenfalls persönlich sehr gespannt, wenn ich das noch erleben sollte, wo der Tempel dann tatsächlich eines Tages stehen wird.

Wir müssen dabei auch vor Augen haben: Der Bau eines neuen Tempels und die Wiederaufnahme der alttestamentlichen Opfer sind zwar im Wort Gottes vorhergesagt, sie sind Teil der Sammlung des auserwählten Volkes Gottes am Ende der Tage, aber sie bereiten zunächst nicht dem Kommen Christi, sondern dem Kommen des Antichristen den Weg. Das darf man nie außer Acht lassen. Der Tempel, der *vor* der Wiederkunft

Christi errichtet wird, kann meines Erachtens nichts mit dem Tempel zu tun haben, von dem Hesekiel in den letzten Kapiteln seines Buches schreibt. Dieser Tempel dürfte nach der Wiederkunft Christi auf den Trümmern des durch die Endgerichte Gottes zerstörten Jerusalems erbaut werden. Ich habe mich mit dieser Frage nochmal etwas genauer beschäftigt. Das Gelände dieses Tempels, von dem Hesekiel spricht, soweit seine Angaben wörtlich zu nehmen sind, ist um ein vielfaches größer als der heutige Tempelplatz. Wie schon gesagt, umfasst das heutige Tempelgelände gut 14 Hektar, das sind gut 144 000 m². Das Tempelgelände, das Hesekiel sieht, hat dagegen in Länge wie Breite jeweils rund 1550 m, Roger Liebi sagt 1575 m. Das ergibt nicht 144 000 m², sondern 2,4 Millionen m². Das sind nicht 14, sondern 249 Hektar. Es ist also 17mal so groß wie das heutige Tempelgelände. Es ist ein Gelände, das größer als die gesamte Altstadt von Jerusalem ist; vom Kidrontal im Osten bis zur Stadtmauer im Westen und die gleiche Länge noch einmal in Nordsüd-Ausrichtung. Wir dürfen also auf keinen Fall den Tempel, der vor der großen Trübsal errichtet wird und in dem der Antichrist sein Gräuel der Verwüstung aufstellen wird, mit dem Tempel des Hesekiel verwechseln.

Ein häufiger Einwand dafür, dass die Rückführung Israels und die Gründung des israelischen Staates etwas mit der Erfüllung biblischer Prophetie zu tun habe, ist dass das Volk Israel doch noch gar nicht bekehrt sei. Erst an einem bekehrten Israel könne Gott wieder gnädig handeln. Der heutige Staat Israel sei aber doch insgesamt ein ziemlich gottloser und moralisch verkommener Haufen. Das ist leider richtig. Der heutige Staat Israel ist ein sehr weltlicher Staat, an dem man viel aussetzen kann. Aber auch mit dieser Argumentation wird geistig wieder zu eng gedacht. Wir haben im letzten Teil ja schon gesehen: Gott tut sein Werk nicht, weil sie es verdient hätten und auch nicht, weil sie sich notwendigerweise schon bekehrt hätten, denn dann hätten sie es sich ja geistlich gewissermaßen verdient, sondern um seines heiligen Namens Willen. Es steht außer Frage, dass bleibender Segen an die Umkehr zu Gott und bleibenden Gehorsam gebunden ist. Die Rückführung des Volkes Gottes ins verheißene Land und seine abschließende Bekehrung zu seinem Messias ist aber ein langer, vielschichtiger und komplexer Prozess.

Eingangs haben wir Hesekiel 37,21 gelesen. Schauen wir einmal kurz zurück in die ersten Verse des Kapitels, wo die Gebeine auf dem Feld liegen. Hesekiel weissagt, wie ihm befohlen wurde: ***„Da entstand ein Geräusch, als ich weissagte, und siehe, ein Getöse und die Gebeine rückten zusammen, Gebein an Gebein und ich sah und siehe, es entstanden Sehnen an ihnen und Fleisch wuchs und Haut zog sich über sie, aber es war noch kein Odem in ihnen."*** Ich denke, dass auch die schicksalswendende Wiedererweckung des Volkes Gottes, die Hesekiel hier sieht, nicht auf einen Schlag geschieht. Die geistige Wiedergeburt ja, in dem Augenblick, in dem sie den Messias sehen, da nehmen sie ihn an, aber Hesekiel schreibt von einer längeren Vorbereitungsphase. Das, was wir seit 1948 oder auch schon seit 1882 bis heute sehen, ist die Vorbereitungsphase. In der Zeit der Blüte darf man nicht schon die Früchte erwarten, wenngleich zum Teil berichtet wird, dass in den letzten Jahrzehnten auch schon viele Juden zum Glauben an Jesus kamen. In Israel selbst waren es jedoch eher sehr wenige. Dass das, was wir bisher sehen, nicht das Ziel, sondern lediglich die Vorbereitung ist, entspricht völlig dem Wort Gottes. Erst ganz am Ende wird Israel zum Glauben kommen.

Historisch fällt im Blick auf Israel noch etwas sehr Beeindruckendes auf. Vor ungefähr 4000 Jahren beruft sich Gott einen Mann namens Abraham und verspricht ihm, „wenn du mir gehorchst, will ich dich zu einem großem Volk machen und dir ein eigenes Land geben." Welches Land gibt der HERR diesem Abraham und seinen Nachkommen? Ein Land, das im Brennpunkt der damaligen Weltmächte liegt - dieser schmale Streifen zwischen dem Mittelmeer und Jordantal! Ganz genau zwischen den mächtigen Reichen der Assyrer, Babylonier, Meder und Perser im Norden und dem der Ägypter im Süden. Damit positioniert Gott sein Volk am Hotspot, dem gewissermaßen gefährlichsten Punkt der damaligen Welt. Jedes Mal, wenn die beiden Reiche im Norden und Süden Krach miteinander haben, ziehen sie, mehr oder weniger notwendig, durch Israel und bekommen jedes Mal eins „auf die Mütze". Menschlich gedacht, hätte Gott sein Volk damals vermutlich an keinen strategisch ungünstigeren Punkt setzen können. Interessant ist jetzt: Mit der Zerstreuung Israels aus seinem Land um 70 n. Chr. verschwindet die Bedeutung dieses Gebiets und verlagert sich über Konstantinopel und Rom in die westliche Welt. Der Nahe Osten, das Gebiet, in dem Israel einst lebte, wenn man von den Kreuzzügen einmal absieht, hat über 2000 Jahre lang keine Rolle mehr gespielt. Das Land der Juden wurde ein vergessener und verödeter Winkel auf dieser Erde. 2000 Jahre später jedoch, mit der Rückkehr Israels ins verheißene Land, steht der Nahe Osten plötzlich wieder im Brennpunkt des Weltinteresses. Genau das hat Gott durch seinen Propheten vorhergesagt: ***„Siehe, ich will Jerusalem zum Taumelbecher zurichten, allen Völkern, die umher sind. Zur selben Zeit will ich Jerusalem machen zum Laststein allen Völkern. Alle, die ihn weg haben wollen, sollen sich daran zerschneiden, denn es werden sich alle Heiden auf Erden wider sie versammeln." Sacharja 12,2-3***

Wir sehen in dem, was Gott schon Jahrhunderte vor Jesus durch seinen Propheten Sacharja vorhersagen ließ, welche Bedeutung dieses Gebiet am Ende der Tage wieder erlangen wird. Wir sehen seit 1948, dass dieser Fleck Erde wieder diese Bedeutung bekommt. Es wird am Ende der Tage, von denen wir nicht allzu weit entfernt sein dürften, zu einem überbordenden Hass der Völker dieser Erde gegen die Juden kommen. In unzähligen UNO-Resolutionen haben wir diesen Hass bereits seit Jahren handgreiflich. Die Völker dieser Erde werden sich in einer finalen Schlacht gegen Israel sammeln. Aber auch diese Schlacht muss man wieder ambivalent sehen. Sie wird zunächst das letzte, gigantische Strafgericht Gottes an seinem Volk sein, das ihn bis dahin immer noch ablehnt und mit seinem gotteslästerlichen, sündhaften Verhalten quasi täglich zur Weißglut treibt. Das Volk Israel wird in diesem Krieg, vermutlich bis auf die 144 000 Versiegelten, komplett vernichtet werden. Aber kurz, bevor auch der letzte Rest vernichtet würde, wird der HERR sichtbar wieder kommen. Er wird mit dem Hauch seines Mundes die feindlichen Heere vernichten, die Gewaltherrschaft der satanischen globalen Eliten wird mit einem Augenblick ein Ende haben und der dicht über dem Boden abgesägte Stumpf des Volkes Israel wird den als seinen Messias erkennen, in welchen sie gestochen haben. Diese letzte finale Schlacht wird diesen Baum noch einmal ganz dicht über dem Boden absägen. Daraufhin wird sich Gott aus dem winzigen Rest der Nachkommen Abrahams ein neues Bundesvolk schaffen. Die Rückkehr Israels in das verheißene Land ist eines der Zeichen, das völlig unzweifelhaft ankündigt, dass sich die Zeiten der Heiden zum Ende neigen.

Zum Schluss muss noch betont werden, dass Gott andere Zeitmaßstäbe hat als wir. Wir neigen dazu, von unserem kurzlebigen Menschsein aus zu rechnen und zu kalkulieren. Was für uns unvorstellbar lange Zeiträume sind, sind aber für den ewigen Gott nur Augenblicke. Mit Zeitangaben und Spekulationen darüber, wie lange das alles noch dauern kann, müssen wir deshalb sehr vorsichtig sein. Ich persönlich halte es zwar gut für möglich, dass die Entrückung sehr bald stattfinden könnte, vielleicht noch in diesem Jahr oder in wenigen Jahren. Ich halte es für höchstwahrscheinlich, dass es keine Jahrzehnte mehr dauern wird, aber ich weiß es nicht. Vor allem aber müssen wir aufpassen, dass wir in einzelne Worte der Schrift nicht zu viel hinein interpretieren und dann eine falsche Erwartung bei uns selbst sowie bei anderen schüren. Dadurch würden wir Gottes Wort möglicherweise nur in Misskredit bringen. Ein klassisches Beispiel dafür ist das Wort Jesu vom Feigenbaum in Matthäus 24,32-34. Da sagt Jesus: ***„Von dem Feigenbaum aber lernt ein Gleichnis. Wenn sein Zweig schon saftig wird und Blätter treibt, so erkennt ihr, dass der Sommer nahe ist, also auch ihr, wenn ihr dies alles seht, so erkennt, dass***

er nahe vor der Tür ist. Wahrlich, ich sage euch, dieses Geschlecht wird nicht vergehen, bis dies alles geschehen ist."

Viele Ausleger haben jetzt den Feigenbaum als Symbol für Israel gedeutet und schlussfolgern, dass seit der Gründung des Staates Israel 1948 die Zweige des Feigenbaums saftig sind und seine Blätter austreiben. Jesus sagt, dass dieses Geschlecht, also jene Generation, die das erlebt, nicht vergehen wird, bis sich das alles ereignet. Also könne es bis zur Entrückung, von 1948 an, maximal nur noch die Zeitdauer einer Generation dauern. Je nachdem, wie lange man diese annimmt, wären es dann 30 bis 60 Jahre. Bei dieser Auslegung werden gleich mehrere Fehler auf einmal gemacht. Erstens habe ich keine einzige Bibelstelle vor Augen, in denen der Feigenbaum ein eindeutiges Symbol für Israel wäre. Der Weinstock, und vor allem der Weinberg ist das Symbol für Israel. Es liegt im Gegenteil nahe, dass Jesus den Feigenbaum keineswegs als Symbol für Israel meint, sondern ganz allgemein, im Sinne irgendeines beliebigen Baumes. Genau das sagt nämlich die Parallelstelle in Lukas 21,29, wo es heißt: ***„Seht den Feigenbaum und alle Bäume. Wenn sie schon ausschlagen, so erkennt ihr von selbst, dass der Sommer schon nahe ist."*** Deshalb sagt Jesus auch nicht, „wenn ihr seht, dass *der Feigenbaum* ausschlägt". Hier wird der Fokus auf etwas ganz Falsches gerichtet. Er sagt nämlich, „wenn ihr *das alles seht, dann* erkennt". Gemeint sind die voraus genannten Ereignisse. Zudem wird der Begriff „Geschlecht" einseitig ausgelegt. Das Wort, das da im Griechischen steht, kann tatsächlich auch „Generation" meinen. Kann, muss aber nicht, denn es ist ein Begriff mit einer ganz breiten Bedeutungsspannweite. Es kann so zum Beispiel auch „Geschlecht" im ganz allgemein umfassenden Sinn meinen, bis hin zum „Geschlecht Israel" oder dem „Menschengeschlecht" im ganz Allgemeinen. Dann würde die Aussage Jesu nichts anderes bedeuten, als dass Israel oder die Menschheit nicht aufhören wird zu existieren, bevor dies alles geschieht. Ohne Zweifel sagt Jesus uns allen, ***„wenn ihr dies alles seht"***, was er in den Versen zuvor gesagt hat, so erkennt, dass er nahe vor der Tür ist. Diesen Ereignissen werden wir uns im 4. Teil widmen. Die Rückkehr Israels ins verheißene Land und viele weiteren Ereignisse, von denen wir im Folgenden noch reden werden, zeigen: Wir sind am Ende der Tage. Jesus steht nahe vor der Tür. Sind wir darauf vorbereitet? Auf diese Frage sollten wir nach Möglichkeit eine ganz gewisse Antwort haben. Amen.

Ich bete mit uns:
Lieber himmlischer Vater, allein schon am Zeichen deines Volkes Israel sehen wir, dass wir dem Ende der Tage sehr nahe gekommen sind. Wir sehen auch, dass sich damit die Zeit der Heiden dem Ende zuneigt. Es gibt noch viele andere Zeichen der Zeit, die uns das aus ganz anderen Blickwinkeln oder an ganz anderen Beispielen bestätigen. Bitte schenk uns doch, dass alle, die ihr Herz darauf noch nicht vorbereitet haben und in ihr Leben noch so hineinleben, als käme dieses Ende der Tage nie und als stünden sie nie vor dir, um für ihr Leben, ihr Reden und ihr Tun vor dir Rechenschaft ablegen zu müssen, dass sie sich doch Gedanken darüber machen, ob diese Strategie sie wirklich durch trägt. Lass ihnen bewusst werden, dass ein Umdenken notwendig ist, um vor dir am Tag deines Kommens bestehen zu können, oder auch ganz schlicht dann, wenn sie eines Tages die Augen zumachen und vor deinem Gerichtsthron stehen. Wir danken dir dafür, dass wir wissen dürfen: Es kommt alles darauf an, dass wir unser Leben mit dir und vor dir in Ordnung gebracht haben. Wir danken dir auch heute dafür, dass wir im Volk Israel sehen dürfen, was David Ben-Gurion damals gesagt hat: „Wenn Gottes Zeit gekommen ist, kann ihn niemand aufhalten." Das gilt auch und gerade angesichts des unglaublich satanisch Bösen, das in diesen Tagen unsere Erde und ihre Menschen heimsucht und viele panisch in Angst und Verzweiflung treibt. Danke dafür, dass wir als deine Kinder wissen dürfen, dass wir dazu keinen Grund haben, denn du bist der HERR! Auch dann, wenn sich das Böse weiterhin in nur noch schwer vorstellbarer Weise ausbreitet. Du wirst ihm ein Ende setzen. Du wirst kommen und dein Reich auf dieser Erde auf-

richten. Danke dafür, dass du jeden von uns einlädst, zu dir zu gehören, unser Leben in deine Hände zu legen, unsere Sünden von dir vergeben zu lassen, so dass unser Name ins Buch des Lebens eingeschrieben werden kann. Bitte gib, dass jeder das für sich persönlich, am besten noch heute, klar macht. Amen.

Teil 4

Matthäus 24,3-14:
„Als er aber auf dem Ölberg saß, traten seine Jünger für sich allein (also ohne die übliche Volksmenge drum herum) *zu ihm und sprachen: Sage uns, wann wird das sein* (nämlich dass der Tempel abgebrochen und das Volk Israel zerstreut wird) *und was ist das Zeichen deiner Ankunft und der Vollendung des Zeitalters? Und Jesus antwortete und sprach zu ihnen: Denn viele werden unter meinem Namen kommen und sagen: Ich bin der Christus! Und sie werden viele verführen. Ihr werdet aber von Kriegen und Kriegsgerüchten hören. Seht zu, erschreckt nicht! Denn es muss geschehen, aber es ist noch nicht das Ende. Denn es wird sich Nation gegen Nation erheben und Königreich gegen Königreich, und es werden Hungersnöte und Erdbeben da und dort sein. Alles dies aber ist der Anfang der Wehen. Dann werden sie euch in Bedrängnis überliefern und euch töten; und ihr werdet von allen Nationen gehasst werden um meines Namens willen. Und dann werden viele zu Fall kommen und werden einander überliefern und einander hassen; und viele falsche Propheten werden aufstehen und werden viele verführen; und weil die Gesetzlosigkeit überhandnimmt, wird die Liebe der meisten erkalten; wer aber ausharrt bis ans Ende, der wird gerettet werden. Und dieses Evangelium des Reiches wird gepredigt werden auf dem ganzen Erdkreis, allen Nationen zu einem Zeugnis, und dann wird das Ende kommen."*

Die Zeichen seiner Ankunft

Wir stehen geistlich in einer unzweifelhaft historischen Stunde; die Gnadenzeit läuft aus. Ich kann nicht sagen, ob diese Zeit heute zu Ende geht oder erst in dreißig Jahren. Aber wenn wir heute vorbereitet sind und Christus erst in dreißig Jahren wiederkommt, dann hat es uns auch nicht geschadet. Wir hatten dann dreißig wertvolle Jahre an der Hand unseres Herrn. Sind wir aber erst in drei Jahren vorbereitet und der HERR kommt schon in zweieinhalb Jahren wieder, dann sind wir zu spät und gehören zu denen, für die jene Tür zur Herrlichkeit ins Schloss gefallen ist und wo die Tür ins Vaterhaus für ewige Zeiten verschlossen bleibt. ***„Deshalb: Heute, wenn ihr seine Stimme hören werdet, verstockt eure Herzen nicht“*** (Hebräer 3,15). Noch ist Zeit der Gnade. Dem aber - möge das nur Wenigen passieren - der diese Tür vor sich ins Schloss fallen lässt, dient diese Predigtreihe, verbunden mit dem Ruf: Jetzt ist der Tag des Heils, lass diesen Tag für dich nicht ungenutzt verstreichen! Es ist dabei keineswegs so, dass wir im Verlauf der Heilsgeschichte keine Einschnitte hätten und speziell im Blick auf die Endzeit keine konkreten Hinweise, wo wir in etwa stehen. Ich hatte ja im letzten Teil das Gleichnis vom Feigenbaum erwähnt. Ganz gleich, wie man dieses Gleichnis nun deuten mag, im Grundsatz ist klar, dass Jesus sagt: Wie man am Feigenbaum und allen Bäumen erkennen kann, wann sie im Frühjahr ausschlagen und der Sommer naht, so kann man am Eintreffen der Ereignisse, die ich euch gerade ein Kapitel vorausgehend in Matthäus 24 genannt habe, erkennen, dass der Tag meiner Wiederkunft und damit auch das Ende der Gnadenzeit nahe gekommen ist. Wir lesen in Matthäus 24 auch von Ereignissen, die es schon immer gab, die aber im Laufe der Zeit zum Ende hin an Intensität zunehmen.

Himmelfahrt + Pfingsten

Auftakt - Zerstörung Jerusalems und des Tempels und Zerstreuung Israels unter alle Völker

Ereignisse in der Welt

- falsche Christusse (weißes Pferd)
- gewaltige Kriege (rotes Pferd); ***„das ist noch nicht das Ende“***
- ethnische Konflikte
- Hungersnöte (schwarzes Pferd)
- Erdbeben + Seuchen (fahles Pferd) ***„das alles wird erst der Anfang der Wehen sein“***

Ereignisse in der Gemeinde

- Christenverfolgung von außen
- Christenverfolgung von innen
- falsche Propheten
- Mißachtung der Gebote Gottes
- die Liebe zu Jesus erkaltet
- das Evangelium wird allen Völkern verkündet; ***„dann wird das Ende kommen“***
- Israel kehrt ins verheißene Land zurück
- der Abfall der Kirche

Die letzten Ereignisse und Jahre vor der Wiederkunft Jesu - die „große Trübsal“

- öffentliches Auftreten des Antichristen
- falsche Christusse und falsche Propheten, die große Zeichen und Wunder tun
- der Antichrist macht einen Bund mit Israel; Israel darf im 3. Tempel opfern
- der Antichrist bricht den Bund mit Israel
- der Antichrist versammelt die Völker zum Krieg gegen Israel
- kosmische Zeichen

Wiederkunft Christi - Jesus kommt für alle sichtbar auf die Erde

Diese Grafik dient nur einer einfachen Übersicht. Natürlich laufen diese Ereignisse nicht alle nacheinander ab, sondern zum Teil durchaus parallel.

Ich hab das hier in einer Grafik, die ich vor paar Jahren schon einmal erstellt hatte, versucht deutlich zu machen. Das sind Ereignisse die es immer schon gab, sich aber zum Ende hin zuspitzen. Es gibt jedoch auch einmalige Ereignisse, deren Eintreffen zeigt: Jetzt ist es bald soweit. Wir werden die Unterschiede heute im weiteren noch sehen. Die Jünger Jesu haben nach drei Ereignissen gefragt: Wann geschieht die Zerstörung des Tempels? Wann wird deine Wiederkunft sein? Wann wird dieses Zeitalter der Gnadenzeit vollendet sein? Es ist vor allem auch ganz interessant, dass die Jünger hier ganz gezielt nach den Zeichen fragen, welche die Ereignisse ankündigen. Das heißt, die Jünger rechnen offenbar ganz selbstverständlich damit, dass der HERR diese gewaltigen Ereignisse für die Seinen durch die entsprechenden Zeichen rechtzeitig ankündigt, damit sie sich auch innerlich darauf vorbereiten können. Den Auftakt des Ganzen, nämlich die Zerstörung des Tempels und die Zerstreuung des Volkes Israel unter alle Völker, hatten wir in den vorherigen Kapiteln schon angeschaut. Im weiteren sehen wir Ereignisse in der Welt und in der Gemeinde und ganz am Schluss die Ereignisse kurz vor der Wiederkunft unseres Herrn. Dazwischen haben wir eine Zäsur und werden merken, dass wir längst an dieser Zäsur sind.

Wenn wir die gehörten Verse 4 bis 8 unseres Kapitels nehmen, fällt auf, sie entsprechen im wesentlichen den vier Reitern aus Offenbarung 6. Das heißt nicht, dass die vier Reiter der Offenbarung einfach mit dem, was Jesus in Matthäus 24 sagt, gleichzusetzen wären, aber es gibt durchaus Entsprechungen. Ich denke, dass auch die vier Reiter so zu verstehen sind, dass sie Ereignisse beschreiben, die sich am Ende in einer eigentlichen Erfüllung konkretisieren, aber durch die ganze Gnadenzeit hindurch schon ihre Vorläufer haben. Wir sehen das gleich beim sieghaften ersten Reiter auf dem weißen Pferd. Das ist nicht etwa Christus, sondern der Antichrist! Er kommt zwar als Person erst am Ende, aber der antichristliche satanische Geist, von dem auch er getrieben ist, wirkt schon lange zuvor. Der Apostel Johannes schreibt in seinem ersten Brief: ***„Es sind schon viele Antichristen gekommen“*** (1.Joh. 2,18). Der Geist ist schon seit 2000 Jahren da. Die eigentliche und letzte Erfüllung aber findet die Vorhersage des Antichristen in der einen Person, die noch kommen wird. So sehen wir sowohl in den vier Reitern wie auch in den Versen 4 bis 8 von Matthäus 24 Ereignisse, die über die ganze Zeit hin geschehen, sich am Ende aber in ganz neuen Dimensionen zuspitzen. Dabei stellt Jesus die Warnung über das Ganze: ***„Seht zu, dass euch niemand verführe!“,*** denn wir sehen, dieser antichristliche Geist zieht sich durch die ganze Zeit. Diese Mahnung gilt der Gemeinde, betrifft aber auch die Welt. Wenn wir bedenken, mit welchem Geist der Lüge und Täuschung auf der einen und der Verblendung auf der anderen Seite die Massen heute in Gemeinde und Welt verführt werden, dann sehen wir die Aktualität dieser Mahnung.

Es wird wohl in der Geschichte dieses Erdkreises noch nie so viel Verführung, Lüge, Täuschung und Verblendung gegeben haben wie heute und noch nie so perfekt dargeboten. Das betrifft merkwürdigerweise die Gemeinde noch weit mehr als die Welt. Meine Erfahrung aus den letzten fünf Jahren sagt mir, dass gerade die sogenannte Christenheit am extremsten verblendet ist. Viele Leute, die mich anrufen, bestätigen es aus ihrem Umfeld genauso. Die Masse der Christen blickt am allerwenigsten, was in diesen Tagen um sie her läuft; wahrhaft apokalyptische Ereignisse. Diese Verführung und Verblendung trifft vor allem die geistliche Ebene.

„Denn es werden viele kommen in meinem Namen und sagen: Ich bin der Christus und werden viele verführen“ (Matthäus 25,5). Roger Liebi zählt 51 falsche Messiasse auf, die es bis heute wohl im Judentum gab. Als ich das gelesen habe, dachte ich, in der Gemeinde Jesu geschieht die Sache viel tückischer, denn da kommt selten einer und sagt: *„Ich bin Christus. Mich betet an und mir folgt nach."* Aber viele basteln sich ihre eigenen, falschen Christusse. Da gibt es den Jesus der Anthroposophie, der mit der Bibel gar nichts zu tun hat. Da gibt es den esoterischen Jesus, den ökumenischen genauso wie den multireligiösen Jesus und wieder andere haben ihren schwulen Gender-Jesus, den Klima-Jesus, den veganen oder einen liberalen Jesus usw.. Das alles sind selbst zusammen gebastelte Götzen, durch welche die Massen verführt werden und verloren gehen.

Als zweites Zeichen nennt Jesus gewaltige Kriege: ***„Ihr werdet hören von Kriegen und Kriegsgerüchten, seht zu, dass ihr nicht erschreckt. Das muss alles geschehen, aber es ist noch nicht das Ende. Denn es wird sich erheben Volk wider Volk und Königreich wider Königreich."*** In der Parallelstelle Lukas 21,9 ist neben Kriegen auch die Rede von „Akatastasías[6]", ein schwieriger, griechischer Begriff, der genau in unsere Zeit spricht. Er bezeichnet eigentlich wortwörtlich die Auflösung aller bestehenden Ordnungen. Als ich es in der Vorbereitung genauer angeschaut habe, dachte ich: Liebe Geschwister, kann man das, was wir in diesen Tagen erleben, besser bezeichnen als mit diesem Begriff? Gerade wenn wir das Geschehen rund um den derzeitigen Corona-Wahnsinn betrachten, wann hatten wir jemals eine derartige Auflösung fast aller bestehender Ordnungen? Das sind ja nicht nur die gesellschaftlichen Ordnungen, die atomisiert werden, sondern auch die medizinischen Ordnungen, die rechtlichen und vertraglichen Ordnungen. Wirtschaftliche Fachleute schlagen die Hände über dem Kopf zusammen und sagen, man könne jetzt auf einmal alles stunden, vertragliche Verpflichtungen gelten nicht mehr. Man braucht nur „Corona" zu schreiben und ist, zumindest zeitweise, aus vertraglichen Verpflichtungen entbunden. Oder die Tatsache, dass wir heute auf einmal so viel Kurzarbeit haben, nämlich bei Betrieben, die im Grunde genommen im Zuge des Corona-Wahnsinns nicht mehr zu retten sind. Wirtschaftsleute

[6] Aufruhr, Chaos

sagen: Das ist staatlich geduldete, staatlich unterstützte Insolvenzverschleppung. Eigentlich sind das strafbare Handlungen. Wir sehen die Auflösung in jedweder bestehenden Ordnung in praktisch allen Bereichen. Ich kann das selber nicht beurteilen, ich gebe das nur weiter, was Fachleute aus den verschiedenen Bereichen und Gebieten sagen. Sie schlagen selbst die Hände über dem Kopf zusammen und fragen sich, was hier abgehe. Das ist die Totalauflösung aller Ordnungen und dieses Durcheinanderwerfen von Ordnungen ist nun einmal das Werk des großen Diabolos, wörtlich: der Durcheinanderwerfer. Es ist das Werk des Teufels.

Schauen wir auf den zweiten Reiter aus der Offenbarung, er sitzt auf einem roten Pferd. Das rote Pferd bedeutet Krieg. ***„Ihm wurde gegeben, den Frieden zu nehmen von der Erde."*** Wir wissen, Kriege gab es immer wieder. Seit Kain und Abel herrschen Mord und Totschlag auf dieser Welt. Aber wer will bestreiten, dass das 20. Jahrhundert mit seinen zwei Weltkriegen diesbezüglich in eine ganz neue Dimension eingetreten ist? Natürlich hängt das auch mit den modernen Möglichkeiten der Technologie und Bewaffnung zusammen. Man muss heute ja nicht mal mehr irgendwo hin, ein Schwert oder Pfeil und Bogen in die Hand zu nehmen, sondern man sitzt in Ramstein oder sonst irgendwo am Computer und steuert bewaffnete Drohnen, die abertausende Kilometer entfernt punktgenau irgendwelche unerwünschten Leute eliminieren. Ein besonderes Kennzeichen dieser kriegerischen Entwicklungen wird sein: ***„Es wird sich erheben Volk wider Volk und Königreich wider Königreich"***. Im Urtext steht für den Begriff Volk: Ethnos. Dieses Fremdwort ist uns ja bekannt aus den ethnischen Konflikten. Sie sind seit Jahren kennzeichnend für die Auseinandersetzungen und Opfer nach Südost-Europa blickend, die furchtbaren Kriege im ehemaligen Jugoslawien, nach Asien oder Afrika, wir sehen das in vielen Ländern bestätigt. Seit dem Zusammenbruch des Kommunismus und dem Rückzug der Kolonialmächte aus den Ländern der Dritten Welt, fallen dort die *ethnoi,* die ethnischen Gruppen und Völker in blutigen Kämpfen übereinander her. Alfred Mechtersheimer, früher Bundestagsfraktion der Grünen, war später Sprecher des konservativen Friedenskomitees 2000 und hat wohl ums Jahr 1999 gesagt: *„Die Hauptursache fast aller heutigen Kriege liegt in der multiethnischen Zusammensetzung der jeweiligen Bevölkerung. Es bedarf nur eines Funkens, um sie in Brand zu setzen. Deshalb ist ein Anhänger von Multikulti auch dann ein potentieller Kriegsverbrecher, wenn er auch subjektiv die besten Absichten haben mag."* Das sage nicht ich, das sagte Alfred Mechtersheimer! Man höre und staune.

Ich ziehe die subjektiven besten Absichten bei denen in Zweifel, die schreien: *„Nie wieder Deutschland"* oder *„Deutschland verrecke!"* und ihr Multikulti damit begründen. Mit der politisch gewollten und gegen den Willen der Einheimischen geschehenden Massenmigration werden ethnische Konflikte nahezu an jeden Ort dieser Welt getragen und mit teuflischer Gewalt provoziert. Wir sehen, die biblische Prophetie erfüllt sich in ihrer endzeitlichen Zuspitzung. Es ist immer interessant und gibt ein vollständigeres Bild, wenn man zu bestimmten Stellen auch die neutestamentlichen Parallelstellen anschaut. Laut der Parallelstelle in Markus 13,8 redet Jesus, in den revidierten Ausgaben zumeist unterschlagen, außerdem von Aufständen. Auch Aufstände gab es in der Weltgeschichte immer wieder. Es könnte aber sein, dass im Zuge der geplanten globalen Machtergreifung satanischer Hintergrundeliten weltweite Aufstände der Völker ein nie dagewesenes Ausmaß erreichen. Wenn ich bestimmte Entwicklungen richtig deute, so etwa wie mir zugetragen wurde, dass wir in ganz vielen Ländern eine Mobilisierung des Militärs haben - seit wann werden Viren mit Waffen oder Raketen, Panzern und Gewehren bekämpft?- dann bereiten sich die Herrschenden auf massive Aufstände und deren gewaltsame Niederschlagung vor. Und warum sollte etwa der Reichstag in Berlin, wie derzeit geplant wird, von einem Graben und weiteren Schutzmaßnahmen umgeben werden? Das hat es doch, seitdem dieses Ding dort steht und deutsche Parlamente darin tagen, noch nie gebraucht. Warum soll der Reichstag auf einmal einen Schutzwall und Verteidigungsanlagen brauchen?

Als weitere Zeichen nennt Jesus: ***„Und es werden Hungersnöte und Seuchen sein und Erdbeben da und dort"***. Die Seuchen sind in den revidierten Ausgaben auch wieder gestrichen, stehen aber da! Der dritte Reiter der Offenbarung sitzt auf einem schwarzen Pferd. Er steht für Inflation und Hungersnot. Hungersnot heißt Nahrungsmangel und auch Mangel an sonstigen lebenswichtigen Gütern. Das kannten wir in Deutschland, Gott sei Lob und Dank, seit den Nachkriegsjahren, soweit ich mich erinnern kann, nicht mehr. Also, ich bin 1958 geboren, es ging bei uns nicht immer überaus üppig zu, aber direkt Hunger leiden musste ich eigentlich, wenn ich mein ganzes Leben zurückdenke, nicht. Wir lebten, vor allem seit dem deutschen Wirtschaftswunder, im Überfluss. Keiner hätte es so für möglich gehalten, aber das hat sich in den letzten Wochen auf einen Schlag geändert. Nicht durch das Coronavirus, denn das hat keine einzige Rolle Klopapier gefressen und auch kein Mehl, sondern durch die Maßnahmen der Herrschenden. Auf einen Schlag, über Nacht, war durch die Unterbrechung der Lieferketten oder Stilllegung von Betrieben ein Mangel herbei geführt. Ganz merkwürdig, auch durch die Stilllegung von Logistikunternehmen. Ich habe vielfach gehört, dass Produkte da sind, aber die kommen nicht von A nach B. Ich hab mich daraufhin gefragt, wie coronagefährdet ist wohl ein LKW-Fahrer, der allein in seinem Führerhaus sitzt? Das sind so Dinge, die mir auffallen, aber ich blicke da nicht so ganz hinter. Nicht nur die berüchtigte Rolle Klopapier wurde zur Mangelware, auch Mehl bekam und bekommt man in einigen Gegenden nur noch rationiert. Vermutlich stehen wir erst am Anfang einer inflationären Mangelwirtschaft. Was uns die Offenbarung für das Auslaufen der Gnadenzeit ankündigt, nimmt in diesen Tagen vor unseren Augen ganz konkret Gestalt an. Zum Stichwort Inflation und Hungersnot macht Offenbarung 6,6 eine interessante Detailbemerkung: ***„Ein Maß Weizen für einen***

Denar und drei Maß Gerste für einen Denar; doch das Öl und den Wein taste nicht an."

Weizen und Gerste, die Grundnahrungsmittel, werden horrend teurer, die Luxusgüter Öl und Wein stehen symbolhaft für die Luxusgüter der Reichen; die Preise dafür bleiben konstant. Das heißt, die Schere zwischen Arm und Reich wird weiter drastisch auseinander gehen, was wir seit Jahren schon erleben und durch den Corona-Wahnsinn möglicherweise zur Vollendung gebracht werden wird. Nach Jahrzehnten mit einer starken Mittelschicht, die unser Land mit Steuern getragen und auch ernährt hat, werden in unseren Tagen breite Teile der Bevölkerung an den Rand des Existenzminimums gedrängt. Da viele Leute aber immer noch das täglich Nötige haben, begreifen viele heute noch immer nicht, was da abgeht, und meinen, es wären Märchen. Wir werden sehen.

Durch den Corona-Wahnsinn werden, nach Aussage von Fachleuten, insbesondere die kleinen und mittelständischen Unternehmen massenhaft geschädigt und in den Ruin getrieben. Das sind diejenigen, die besonders viele Arbeitsplätze schaffen und den großen Teil der Steuerlast in unserem Land tragen. Die internationalen Großkonzerne, die fast gar keine Steuern zahlen, weil sie ihre Gewinne überall auf der Welt verteilen und mit Verlustabrechnungen wieder fiktiv ausgleichen können, sowie Großbanken werden gerettet. Gleichzeitig wird ihnen in einem Atemzug die lästige Konkurrenz der mittelständischen und kleinen Betriebe vom Hals geschafft. Geniale, satanische Schachzüge. Was wir seit Jahren erleben, insbesondere unter der Regierung Merkels, ist eine gigantische Umverteilung des Vermögens aus den Taschen der kleinen Leute auf die Überseekonten der Superreichen. Liebe Geschwister, es könnte durchaus sein, dass wir Inflation, Hyperinflation und kaum noch vorhandene und deshalb kaum mehr bezahlbare Lebensmittel bereits in den kommenden ein bis zwei Jahren hier in diesem Land erleben werden. Finanz- und Wirtschaftsleute warnen zunehmend genau davor.

Das vierte Pferd ist ein fahles Pferd. Es ist der Tod. Es bringt Erdbeben und Seuchen mit sich. Auch Erdbeben gibt es seit jeher, aber ihre Stärken und dadurch verursachten Schäden nehmen inflationsbereinigt seit Jahren drastisch zu. Der Höhepunkt ist hier sicher bei weitem noch nicht erreicht. Wenn wir in die Offenbarung schauen, dann sehen wir, dass wir durch endzeitliche Erschütterungen des Globus und des gesamten Kosmos, einschließlich seiner Kräfte und Ordnungen, Ereignisse erleben werden, wie sie die Menschheit noch nie gesehen hat. Beim Stichwort „Seuchen" denken wir heute fast zwangsläufig an Corona. Interessant ist dabei der Hinweis, dass die Covid-19 Segmente von HIV enthält. Es wäre viel zu sagen über HIV, Ebola, SARS und Co. und dem mutmaßlichen Anteil an Laborarbeit. Auch ließe sich zum verantwortungslosen Umgang von Medikamenten und Antibiotika noch vieles ergänzen. Denken wir in diesem Zusammenhang einfach nur an immer resistenter werdende Keime oder Bakterien. Viel gäbe es zu sagen. Ich betone ja immer wieder, die meisten endzeitlichen Plagen muss Gott gar nicht schaffen, denn die schafft der Mensch selber. Der gottlose Mensch schafft seinen Untergang ganz allein. Wir dürfen nicht gering schätzen, mit welcher penetranten Wiederholung unsere Politiker und Leute wie Fausi, WHO und allen drum herum von „weiteren Wellen" sprechen. Ich persönlich gehe davon aus, dass hier zeitnah noch viel Wüsteres als Covid19 über uns gebracht wird.

Laut der Offenbarung wird das vierte Pferd in seiner endzeitlichen Erfüllung innerhalb kurzer Zeit ein Viertel der Weltbevölkerung durch Krieg, Hunger, Seuchen und wilde Tiere töten. Ein Viertel der heutigen Weltbevölkerung sind fast 2 Milliarden Menschen! Aber Jesus betont hier gleich zweimal, bezogen auf die Zeit vor der Enderfüllung des vierten Reiters: ***"Aber es ist noch nicht das Ende (...), das alles wird erst der Anfang der Wehen sein."*** Ganz wichtig zu sehen ist: Jesus ruft uns einerseits auf, auf die Zeichen der Zeit zu achten und aufmerksam zu sein, aber er mahnt andererseits auch ganz entschieden vor einer übertriebenen und überhitzten Naherwartung.

Im Blick auf diese bis jetzt genannten Ereignisse sagt er, dass dies noch nicht die Presswehen sind, sondern erst Vorwehen einer gewissermaßen über 2000-jährigen Schwangerschaft. Die Bibel spricht im Zusammenhang dieser endzeitlichen Nöte und Katastrophen ja sehr bewusst von Wehen. Diese Gerichtswehen bringen ja nicht einfach das Ende der Gnadenzeit und damit des Äons, sie leiten vielmehr eine Geburt, nämlich die des neuen Äons, des Reiches Gottes auf dieser Welt, des 1000-jährigen Reichs ein. So wie eine Frau sich vor der Geburt in heftigen Wehen krümmt und schreit, so wird die Welt stöhnen und sich schmerzverkrümmt in den Wehen wenden, die dieser Geburt vorausgehen.

Dazu gehören dann als zweitens die Ereignisse in der Gemeinde. Da ist zunächst die Verfolgung der Gemeinde von außen. Jesus sagt: ***„Dann werden sie euch in Bedrängnis übergeben und werden euch töten und ihr werdet von allen Völkern gehasst werden um meines Namens willen.“*** Das Wörtchen „dann“ darf man nicht zu eng als zeitliche Abfolge werten, es kann wie auch bei uns im Sprachgebrauch im Rahmen einer Aufzählung verwendet werden. Verfolgt wurde die Gemeinde Jesu schon von ihren ersten Anfängen an. Aber auch wenn es Christenverfolgung, ganz besonders schon in den ersten Jahrhunderten durch die Juden, später dann durch die Römer usw. gegeben hat, steht es außer Frage, dass im 20. Jahrhundert die Verfolgungen mit dem Kommunismus, Sozialismus und der Wiedererstarkung des Islam ganz neue Dimensionen in weiten Teilen der Erde erreicht hat. Wie viel an Verfolgung auch die Gemeinde in Europa noch erleiden muss, dürfte vom exakten Zeitpunkt der Entrückung abhängen. Ich werde immer wieder nach diesem Zeitpunkt gefragt, ich kenne ihn leider auch nicht!

Die Verfolgung von außen ist dabei aber noch nie die größte Gefahr für die Gemeinde gewesen. Ganz im Gegenteil, denn die Christenheit ist in Zeiten der Verfolgung häufig sogar gewachsen. Die wirkliche Gefahr der Gemeinde droht ihr immer von innen. Deshalb warnt Jesus auch im nächsten Vers: ***„Und***

dann werden viele abfallen und werden sich einander ausliefern und sich untereinander hassen." Für „abfallen" steht im griechischen das Wort „skandali". Man nennt das „Stellholz der Falle". Wer abfällt, ist also in die tödliche Falle Satans gelaufen, der auch mitten in der Gemeinde sein Unwesen treibt. Viele sind durch falsche Lehren und Anbiederung an den Zeitgeist abgefallen. Sie sind der Evolutionslehre und der Bibelkritik auf den Leim gegangen, deren katastrophale Wirkungen man gar nicht hoch genug einschätzen kann. Ihr Vertrauen zu Christus und seinem Wort wurde zerstört. Auch da sehen wir, dass wir das „dann" nicht rein zeitlich nehmen dürfen, denn Irrlehren, Streit, Verrat und interne Kämpfe bis aufs Blut gab es leider in der sogenannten Christenheit von Anfang an. Manche meinen ja, in der Zeit der Apostel war alles noch so schön und gut. Nein, Paulus schreibt in 2. Timotheus 4,14 warnend vor Alexander, dem Schmied, dass dieser ihm viel Böses angetan hat. Der Schmied war vom Weg der Jesusnachfolge abgefallen und hat Paulus so viel Böses angetan, dass dieser ganz im Stil alttestamentlicher Rachepsalmen schreibt, ***„Der Herr vergelte ihm nach seinen Werken."*** Da staunt man schon und wir können uns vorstellen, was Paulus damals schon durch diesen Alexander erleiden musste. Wenn wir dann an die Zerstrittenheit der Kirche Nordafrikas denken, die Machtstellung um die Vorrangstellung Roms, die Verfolgung wahrer Christen, die jahrhundertelang von der römisch-katholischen Kirche ausging, und leider auch an die Zeit der Reformation, in welcher Amtskirchen gegen andersgläubige Christen vorgingen, dann sehen wir, dass die Verfolgung der Christen von innen her nicht erst eine Sache des 20. oder 21. Jahrhunderts ist. Es ist allerdings auch keine Frage, dass diese Entwicklung nach dem Siegeszug der Bibelkritik ganz neue Ausmaße erreicht hat. Das Gift der Bibelkritik, die Verweltlichung und die totale Anpassung an den Zeitgeist hat zuerst die Kirchen und längst auch die Freikirchen sowie freien Gemeinden von innen heraus vergiftet und zerfressen. Christenverfolgung mitten in Kirchen und Freikirchen hat in den letzten 30 Jahren ganz erheblich zugenommen.

Pfarrer, die ihren Dienst am Wort Gottes ausrichten, werden aus dem Amt gedrängt, in den vorzeitigen Ruhestand versetzt oder auf andere Weise unschädlich gemacht. Wir erleben, wie der größte Teil der evangelikalen Welt, wie zum Beispiel die Evangelische Allianz, sich mit den abgefallenen Großkirchen und der Welt verbrüdert und sich mit ihnen gegen den kleinen Rest der bibeltreuen Gemeinde richtet. In Michael Diener hat diese Entwicklung in einem bis vor wenigen Jahren unvorstellbarem Maß Gestalt gewonnen. Wie hier die Deutsche Evangelische Allianz und der Gnadauer Verband, die einmal der Kern der Superfrommen in Deutschland gewesen sind, durch ihren Vorsitzenden bzw. Präses dem Zeitgeist überliefert, ausgeliefert und schlussendlich verraten wurden, ist wahrhaft endzeitlich. Und denken wir an unsere eigene jüngere Vergangenheit hier in Riedlingen. Wie extrem hat sich vor fünf Jahren die Bundesgeschäftsführung unseres früheren Bundes evangelisch-freikirchlicher Gemeinden mit der Welt gegen unsere Gemeinde verbündet und uns ausgeliefert. In öffentlichen Stellungsnahmen hat sie sich sofort mit der Welt verbrüdert und gegen die eigene Bundesgemeinde gehetzt. Wovon Jesus also hier in Matthäus 24 redet, haben wir hier ganz exakt und haarklein, wenn auch auf einem praktisch noch relativ harmlosen Niveau, das keinem von uns das Leben gekostet hat - trotzdem, der Geist war da, miterlebt. Olaf Latzel erlebt es gerade in Bremen von Seiten seiner Landeskirche. Ich selbst erlebe seit 2015 ganz persönlich, dass die wenigen negativen Rückmeldungen aus solchen Bereichen wie den Predigten zum Thema Zuwanderung oder dem Corona-Wahnsinn fast ausschließlich aus dem sogenanntem christlichen Bereich kommen und zum Teil vor Hass und Diffamierung nur so triefen. Wir erleben, wie die meisten Christen, mehr und mehr von ihren Glaubensgeschwistern gehasst, diffamiert und der Welt ausgeliefert werden. So war es auch nicht verwunderlich, dass es ein selbst ernannter Pastor war, der vor fünf Jahren gegen mich Strafanzeige wegen angeblicher Volksverhetzung erstattet hatte. Nicht ohne Grund redet die Offenbarung von der Hure, der abgefallenen und verweltlichten Christenheit der Endzeit, die trunken ist vom Blut der Heiligen. Auch das nimmt heute ganz konkret vor unseren Augen Gestalt an.

Zur Verfolgung von innen kommt die Verführung von innen. ***„Und viele Pseudopropheten werden sich erheben und werden viele in die Irre führen."*** Das ist ein absolut interessantes und eindeutiges Zeichen! Mich hat das, als es aufkam, schon vor Jahren und Jahrzehnten enorm bewegt. Prophetie gab es seit den Tagen der Apostel zwar auch schon immer, aber sie spielte über 2000 Jahren so gut wie keine Rolle mehr. Das hat sich aber ungefähr 1980, mit dem Aufkommen der sogenannten Prophetenbewegung, die über Jahrzehnte gigantische Wellen schlug, radikal geändert. Ich weiß nicht, wie das heute noch so ist, aber einer ihrer Repräsentanten, Rick Scheuner, sagte Anfang der 1990er Jahre: *„Der prophetische Dienst wird in den nächsten Jahren im Mittelpunkt der Aufmerksamkeit stehen, da mehr Salbung ihn begleiten wird, als man seit den Tagen der Bibel je gesehen hat. Und das prophetische Wort wird mit einer Reinheit und Genauigkeit gesandt, wie es in der Kirchengeschichte noch niemals zuvor geschehen ist."* Man höre die für diese Bewegung typischen hochtrabenden Worte. Was die Zunahme der Prophetie angeht, hat Rick Scheuner recht und bestätigt damit die Warnung Jesu davor, dass viele Pseudopropheten sich erheben werden und viele in die Irre führen werden. Was die Reinheit und Genauigkeit dieser Prophetie angeht, von der er spricht, lag er zu praktisch 100% daneben. Aber auch damit bestätigt er die Warnung Jesu.
Wir könnten mit der Aufzählung der falschen Prophetien der letzten Jahre den Rest des Tages und vermutlich mühelos sogar den Rest der ganzen Woche verbringen. Ihre Zahl ist Legion. Was wurde da allein auf sogenannten Feierkonferenzen, und was weiß ich alles, über Jahre hinweg an gewaltigen Erweckungen in Deutschland und Europa vorhergesagt. Nichts davon ist eingetreten.

Wer die Bibel ein bisschen kennt, der wusste auch immer schon, dass das auch gar nicht anders sein kann. Die Bibel redet vom Ende der Zeit, in der wir heute ohne Zweifel leben, nicht von gewaltigen Erweckungen, sondern sie redet vom Abfall und genau den sehen wir. Durch diese falschen Prophetien leben viele Menschen auch heute in einer völlig geistlichen Wahnvorstellung. Sie meinen immer noch, es gehe blühend aufwärts mit der Christenheit, und haben immer noch nicht gerafft,(??) was die Stunde geschlagen hat.

Der Mensch der Endzeit, das ist auch zugleich die Gefahr, sucht die spektakuläre Erfahrung. Nüchternheit ist nicht mehr angesagt. Das Modewort unserer Tage heißt deshalb „spirituell". Es wird aber nicht mehr gefragt, welcher Spiritus, welcher Geist da kommt und wer da denn die spirituelle Erfahrung wirkt. In der Nüchternheit des Wortes leben, das wollen immer weniger und deshalb geht mit dieser Entwicklung das nächste Zeichen einher: ***„Und durch die Zunahme der Gesetzlosigkeit wird erkalten die Liebe der Vielen."*** Gesetzlosigkeit ist die Abkehr von den Ordnungen Gottes. Die ist längst auch im evangelikalen Bereich angekommen, wo man die Liebe Gottes, eine ominöse Liebe, von der niemand auch nur etwas Genaueres weiß und die jeder mit seinen eigenen Wahnvorstellungen füllt, von den Ordnungen Gottes trennt. Wo die Liebe zu Gott und damit auch die Liebe zu seinem Wort und zu seinen Geboten erkaltet, da erkaltet aber eben auch auf die Dauer die Liebe zum Mitmenschen. Deshalb gibt es keinen Humanismus ohne christlichen Glauben, denn der lebt nicht lange. Wir leben längst in einer hemmungslos egoistischen Welt. Beschränken wir uns hier mal nur auf ein Beispiel, dem aktuellen Corona-Wahnsinn. Die ganze Corona-Panik wäre in vielfacher Hinsicht ohne diesen Egoismus gar nicht vorstellbar, denn hemmungsloser Egoismus beherrscht die Massen. Es geht immer mehr Menschen nur noch darum, ihre eigene Gesundheit und ihr eigenes bisschen Leben zu retten, und darum kann der Staat diese Zersetzung und Auflösung der Gesellschaft sowie zwischenmenschlicher Fürsorge durchsetzen; im Namen von Gesundheit und nacktem Überleben. Die Botschaft ist: *„Wir tun es doch für dich. Damit DU gerettet wirst, damit DU gesund bleibst, da-*

mit DU überlebst. Wir tun das alles nur für dich." Und weil es doch für ihn, für seine Gesundheit und sein Leben gut ist, tut der hemmungslos egoistische Mensch, der nicht weiter hinausguckt, alles mit sich machen lassen. Den lieblosen Egoisten der Endzeit bleibt unterm Strich nichts anderes mehr und er interessiert sich für nichts anderes mehr als sein persönliches Wohlergehen. Das ist sicherlich sehr schwarz-weiß formuliert, aber man muss die Dinge auch mal auf den Punkt zuspitzen, damit sie greifbar werden. Dieser Mensch begreift gar nicht, dass er im Kreisen um sein kleines Ego die Welt zerstört, in der er lebt. Ich denke dabei an die ganzen Verantwortlichen unserer Gesellschaft wie Polizisten, Soldaten und wer da überall mitmacht bei diesem Unrecht. Warum tun sie es? Aus genau diesem Egoismus heraus. Jeder will nur seine eigene Haut retten und begreift gar nicht, dass er den Ast absägt, auf dem er mit seiner eigenen Haut sitzt. Auf diese Weise rettet er gar nichts, sondern hilft mit, alles kaputt zu machen. Dieser Egoismus, der nur guckt, wie er selbst die nächsten Jahre noch über die Runden kommt, ist zerstörerisch.

„Durch die Zunahme der Gesetzlosigkeit wird erkalten die Liebe der Vielen." Wenn Jesus hier von ***„den Vielen"*** spricht, dann ist das eine Formulierung; die revidierte Elberfelder Bibel sagt ***„die Meisten"***, und das ist noch untertrieben. Im Griechischen kommt diese Formulierung „die Vielen" fast an „alle" ran. Es ist sogar fast ein Pseudonym und bedeutungsgleich mit „alle". So heißt es eigentlich „alle, mit Ausnahme von extrem Wenigen". Denkt mal an das Wort Jesu, wenn er sagt: „M***eint ihr, wenn ich kommen werde, ich werde Glauben finden auf Erden?"*** Ich sage immer wieder, dieses Bild beinhaltet, dass Jesus mit einer extra großen Lupe kommt; nicht weil er schlecht sieht, sondern weil es nur noch extrem wenige auf dem Globus gibt, die in Liebe und Vertrauen leben und er sie mit einer extra großen Lupe suchen muss; wie die Nadel im Heuhaufen.

Wenn wir heute fragen, was können WIR gegen diesen Wahnsinn jedweder Art, den die Herrschenden über uns bringen, unternehmen, dann kann die Antwort nur lauten: Die Liebe zu Gott und seinem Wort dagegen halten. Das ist das Heilmittel! ***„Lass dich nicht vom Bösen überwinden, sondern überwinde das Böse mit Gutem“*** (Römer 12,21). Das ist ganz wichtig im derzeitigen Geschehen auch im Blick auf die zahlreichen Demos, die laufend landauf, landab gegen den Corona-Wahnsinn stattfinden - Gott sei Dank - laßt euch da bitte nicht vom Bösen provozieren! Dieses System des Bösen kann nur mit Gottes Hilfe, in Ruhe und Liebe, niedergerungen werden, wie 1989. Man kann das Böse nicht mit Bösem besiegen, denn damit füttert man nur den Krebs. Die Ursachen für die derzeitigen Umstände liegen in der *Abwendung der Vielen,* auch aus unserem Volk, vom lebendigen Gott und von seinem Wort. Die Antwort auf das Böse kann deshalb logischerweise nur in der *Hinwendung* zum lebendigen Gott, seinem Wort und zu seinen Ordnungen sein. Gott ist *das* Gute und *die* Liebe in Person und nur in der Liebe und Güte Gottes können wir dem Bösen in der Welt begegnen.

All diese genannten Zeichen sind allgemeine Zeichen, die sich über die ganze Zeit der Gemeinde erstrecken und sich zum Ende hin deutlich steigern. Auf dieses Ende hin richtet Jesus jetzt in Vers 13 den Blick und die Mahnung, ***„der aber ausharrt bis ans Ende, der wird errettet werden.“*** Ausharren heißt ja wörtlich aus dem Griechischen „drunter bleiben“. Dabei geht es nicht nur um eine Zeitspanne, da geht es um eine Last, die mich niederdrückt. Mich drückt sie ehrlich gesagt auch immer wieder nieder. Bei allem Aufsehen auf den Herrn, in einer solchen Zeit zu leben begeistert mich nicht. Wer aber unter dieser Not bleibt und nicht durch Verleugnung seines Glaubens und seines Herrn dieser Not zu entkommen sucht, sondern wer in aller Not ganz nah bei Jesus bleibt, der wird das Ziel der Ewigkeit erreichen. Wann dieses Ziel erreicht und das Ende der Gnadenzeit ganz nahe sein wird, das sagt Jesus dann im Vers 14, dem letzten Vers unseres Abschnitts: **„Und es wird bekannt gemacht werden das Evangelium vom Reich in der ganzen Welt, auf dem ganzen bewohntem Erdkreis, zu einem**

Zeugnis über alle Völker und dann wird das Ende kommen." Dieser Punkt konnte bis weit ins 20. Jahrhundert hinein nicht als erfüllt betrachtet werden und deshalb konnte Jesus bis dahin auch noch nicht kommen. Jesus sagt, „dann" wird das Ende kommen. Man muss deshalb immer, wenn man endzeitliche Entwicklungen betrachtet, alle Aspekte im Blick haben und sich nicht nur auf ein oder zwei konzentrieren. Das Evangelium war an vielen Orten noch nicht verkündigt, heute jedoch ist das anders. Radio- und Fernsehwellen sowie sonstige moderne Kommunikationswege passieren heute die Grenzen zu Ländern, in die kein Missionar hinein darf, und bringen das Evangelium auch in die letzten Hütten unerreichbarer Gebirgstäler oder undurchdringlicher Urwälder. Heute dürfte dieses Wort möglicherweise bereits erfüllt sein. Wir erinnern uns noch einmal: Jesus hat zweimal gesagt, dass dies noch nicht das Ende ist und erst der Anfang der Wehen sein wird, aber hier sagt er, dann wird das Ende kommen.

Wir sind in dieser Zäsur. Ob wir noch mehr am Anfang dieses Abschnitts oder schon mehr am Ende ganz nah dran sind, eines ist klar: Wir sind in dieser letzten Zäsur. Das heißt ganz deutlich, liebe Geschwister, es ist nicht mehr beliebig lange, bis die Gnadenzeit ausläuft und unser Herr Jesus wiederkommt. Wir haben diesbezüglich mindestens zwei Rubikone[7] überschritten. Zum einen ist es die Rückführung Israels in das verheißene Land - ein einmaliges Ereignis, das sich zwar streckt, aber einmalig und gerade mit dem Datum der Staatsgründung 1948 greifbar ist - und zum andern die weltweite Verkündigung des Evangeliums. Das sind zwei überschrittene Rubikone, die uns ganz klar sagen, dass wir ganz nah dran sind. Deshalb sollten wir die letzten Tage der Gnadenzeit nicht versäumen. Siehe, jetzt ist die Zeit des Annehmens, siehe jetzt ist der Tag des Heils. Nutzen wir sie! Amen.

---

[7] der Ausdruck „den Rubikon überschreiten" steht für: sich unwiderruflich auf eine riskante Handlung einzulassen.

Teil 5

Matthäus 24,15-28:
„Wenn ihr nun den Gräuel der Verwüstung, durch welchen durch den Propheten Daniel die Rede ist, stehen seht an heiligem Ort, wer da liest, der beachte es, dass alsdann, die in Judäa sind, auf die Berge fliehen; wer auf dem Dach ist, nicht hinabsteige, um die Sachen aus seinem Haus zu holen, und wer auf dem Feld ist, nicht zurück kehre, um sein Kleid zu holen. Wehe aber den Schwangeren und Säugenden in jenen Tagen. Betet aber, dass eure Flucht nicht im Winter geschehe noch am Sabbat, denn alsdann wird große Drangsal sein, die dergleichen von Anfang der Welt bis jetzt nicht gewesen ist, noch je sein wird. Und wenn jene Tage nicht verkürzt würden, so würde kein Fleisch gerettet werden. Aber um der Auserwählten willen werden jene Tage verkürzt werden. Alsdann, wenn jemand zu euch sagt: Siehe, hier ist der Christus oder hier, so glaubt ihm nicht, denn es werden falsche Christi und falsche Propheten aufstehen und werden große Zeichen und Wunder tun, um so wenn möglich auch die Auserwählten zu verführen. Siehe, ich hab es euch vorhergesagt. Wenn sie nun zu euch sagen: Siehe, er ist in der Wüste, so geht nicht hinaus, siehe, in den Gemächern, so glaubt es nicht, denn gleich wie der Blitz ausfährt von Osten und scheint bis gen Westen, also wird die Ankunft des Sohnes des Menschen sein; denn wo irgend das Aas ist, da werden die Adler versammelt werden."

Das Gräuel der Verwüstung

Heute kommen wir auf ein sehr komplexes und schwieriges Thema und ich werde auch nur einen winzigen Bruchteil dessen, was in Matthäus 24 steckt und darum herum gehört, ansprechen können. Im 4. Teil hatten wir die Verse 1-14 von Matthäus 24 angeschaut, heute blicken wir auf die anschließenden Verse 15-28.

In den Versen 1-14 hat Jesus im Blick auf Hungersnöte, Kriege, Seuchen und Erdbeben mehrfach betont, dass dies noch nicht das Ende ist, sondern der Anfang der Wehen. Dann aber, nachdem das Evangelium dem ganzen Erdkreis zum Zeugnis kundgetan ist, so sagt Jesus, dann wird das Ende kommen. Wir hatten festgestellt: Hier findet sich eine ganz deutliche Zäsur, ein ganz markanter Unterschied in den Aussagen Jesu. Und genau so erlebt es die Menschheit seit 2000 Jahren. Jedoch Kriege, Hungersnöte, Seuchen und Erdbeben gab es auf der Erde immer wieder. Sie nehmen in der Gesamtheit zwar zu, aber sie sind keine *eindeutigen* Zeichen dafür, dass die Wiederkunft Jesu und damit das Ende der Weltzeit unmittelbar bevorstehen. Sie lassen es durch ihre zunehmende Dichte zwar so empfinden, aber sie sind keine klaren Schnittpunkte. Dann aber, nachdem das Evangelium dem ganzen Erdkreis zum Zeugnis kundgetan ist, so sagt Jesus, dann wird das Ende kommen. Ich hatte es im letzten Teil bereits erwähnt. Das könnte in unseren Tagen bereits erfüllt sein, denn wir hatten seit dem 18. Jahrhundert massive Missionarsanstrengungen bis in das 21. Jahrhundert hinein, die sich seit mittlerweile mehr als 300 Jahren fortsetzen. Durch die heutigen modernen Kommunikationsmedien und Techniken kann das Evangelium längst auch bis in die letzten Urwälder und abgelegensten Täler vorgedrungen sein. Wir müssen daher mit der Möglichkeit rechnen, dass dieser endzeitliche Rubikon, dieser recht klar definierte Abschnitt der weltweiten Verkündigung des Evangeliums, tatsächlich bereits überschritten ist und die darauffolgenden Ereignisse in naher Zukunft Schlag auf Schlag eintreten können.

Das nächste große Ereignis, das Jesus in Vers 15 jetzt nennt, ist der ***„Gräuel der Verwüstung, durch welchen durch den Propheten Daniel die Rede ist, stehen seht an heiliger Stätte."*** Dieser soll nun unser Thema sein. „Der Gräuel" ist im Griechischen wörtlich „der üble Geruch", der Abscheu und Ekel erregt. Das haben wir wohl alle schon einmal erlebt. Da hat man vielleicht irgendwo im Abfall noch irgendwelche Fleischreste gehabt und die modern dann so vor sich hin, und nachdem die

Mülltonnen auch nicht mehr so häufig gelehrt werden, wie es früher der Fall war, erfreuen sich die Maden und das große Krabbeln beginnt. Macht man dann die Mülltonne auf, kommt einem so ein gewisser Geruch entgegen. *Das* ist im Grunde genommen das, was hinter dem griechischen Begriff „Gräuel" steht. Der hebräische Begriff ist ganz ähnlich. Das heißt, der Begriff „Gräuel" hat schon rein begrifflich eine Nähe zum Opfer, denn Gott wohlgefällige Opfer sollen ihm ja ein ***„Wohlgeruch"*** sein. Das ihm nicht wohlgefällige Opfer ist ihm ein Gräuel, ein übler Geruch und Gestank. Das kann an der äußeren Form des Opfers liegen oder am unreinen Herzen, welches auch das schönste Opfer verdirbt. Hier ist der Bezugspunkt ein Opfer und ein damit verbundener Gottesdienst, der nicht mehr dem wahren Gott huldigt, sondern falschen Göttern und damit dem wahren Gott ein Gräuel ist. Es entspricht auch genau der Bedeutung des hebräischen Begriffs, der widerliche unreine Dinge beschreibt; dazu gehören Speisen, aber auch heidnische Götter und Symbole.

Auch der Begriff „Verwüstung" redet in Verbindung mit dem Stichwort „Gräuel" nicht von einer äußeren Zerstörung, das wäre ein großer Irrtum, sondern es geht um eine innere und wesensmäßige Verwüstung. Eben eine Verwüstung der rechten Gottesanbetung in eine Verkehrung; eine gotteslästerliche Form des Gottesdienstes. Der hebräische Begriff bedeutet zunächst „staunen" im negativen Sinne von „Entsetzen, Erschaudern". Es geht auch in diesem zweiten Begriff in erster Linie nicht um Zerstörung, sondern um ein inneres Entsetzen über das, was da geschieht und aufgestellt wird. Ich führe diesen Begriff „Gräuel der Verwüstung" deshalb so breit mit der Bedeutung jedes einzelnen Wortes aus, weil ich später noch darauf zurück kommen werde. Eine verbreitete Theorie deutet dieses Gräuel der Verwüstung auf die Zerstörung Jerusalems und des Tempels im Jahr 70 nach Christus. Das ist jedoch einfach vollkommen unmöglich anzunehmen, wenn man den Begriff „Gräuel der Verwüstung" verstanden hat. Es geht eben *nicht* um Zerstörung. Es geht nicht einfach darum, dass etwas vernichtet wird, sondern um eine Entstellung der wahren Gottesanbetung. Wir sehen hier also eine ganz andere Thematik. Deshalb wird meines Wissens auch die Zerstörung des salomonischen Tempels durch die Neubabylonier nirgends in der Bibel als Gräuel der Verwüstung bezeichnet. Wenn die Zerstörung des Tempels durch Titus der Gräuel der Verwüstung wäre, dann hätte ja eigentlich logischerweise dieser Begriff im Zusammenhang mit der Zerstörung des salomonischen Tempels auch auftauchen müssen. Das tut er aber nicht. Stattdessen taucht er mit etwas ganz anderem auf, wie wir nachher noch sehen werden und das dürfen wir beim rechten Verstehen dieses Abschnitts nicht außer Acht lassen.

In den Details der Sprache ist es aber ganz eindeutig zu erkennen, dass es hier nicht um eine äußere Zerstörung geht, sondern eigentlich sogar im Gegenteil um eine *Herstellung* von etwas, was nicht sein sollte. Etwas steht, wird gefertigt und geschieht am heiligen Ort, wo es nicht stehen und sein sollte. Genauso sagt es Markus in der Parallelstelle Markus 13,14: ***„Wenn ihr aber den Gräuel der Verwüstung stehen seht, wo er nicht stehen sollte."*** Darum geht es.

Ganz eindeutig kann es sich bei diesem Gräuel der Verwüstung nicht nur und auch nicht vorrangig um ein rein geistliches Ereignis handeln. Viele Ausleger neigen dazu, diese Gräuel der Verwüstung dann wieder rein übertragend für das Geistliche zu sehen. Demnach habe in der Gemeinde Jesu, die ja laut Neuem Testament der Tempel Gottes ist, in welchem der Heilige Geist wohnt, das antichristliche Denken und Tun die Herrschaft übernommen. Dies sei dann der Gräuel der Verwüstung an heiliger Stätte, dass gott- und geistlose Menschen in Kirchen und Freikirchen die Macht an sich gerissen haben und nicht mehr der wahre Gott angebetet wird, sondern selbstgemachte Götter und Götzen. Willi Baumgärtner hat letzten Sonntag von einem Bischof erzählt, der nicht an den richtenden Gott glaubt. Dieser Bischof glaubt damit eindeutig nicht an den *wahren* Gott, der sich in der Bibel offenbart hat.

Nämlich der Gott der Bibel, der einzig wahre Gott, ist ohne jeden Zweifel auch ein Gott der Gerichte. Gott sei Dank, nicht *nur* ein Gott der Gerichte und auch nicht *vor allem* ein Gott der Gerichte; aber *auch* ein Gott der Gerichte, wie wir schon allein am Kreuz sehen. Dort am Kreuz trägt Jesus das Gericht Gottes für die Sünde der Welt, das uns hätte treffen müssen. Wer an keinen richtenden Gott glaubt, der kann auch nicht an das Geschehen am Kreuz als notwendiges Sühnegeschehen für die Menschheit glauben, sondern leugnet notwendigerweise *das* zentrale Heilsereignis im christlichen Glauben. Es steht und fällt alles mit der Frage, ob Gott auch richtender Gott ist oder nicht. Wenn Gott nur einer wäre, der immer durch die Finger sieht und immer Fünf gerade sein lässt, dann hätte es das Kreuz nicht gebraucht. Es muss ganz klar gesagt sein: Wer das leugnet, ist mithin schlicht kein Christ und daran hindern auch hunderttausend Bischofskreuze nichts. Man könnte an dieser Stelle dieses bekannte Bild einfügen, das zeigt, wie der katholischen Kardinal Reinhard Marx und sein evangelischer Kollege Bischof Heinrich Bedford-Strohm durch Ablegen ihrer Bischofskreuze auf dem Tempelberg an heiliger Stätte Jesus Christus verleugnet und gelästert haben. Da hat man ganz wörtlich sogar tatsächlich etwas stehen sehen: ein Gräuel der Verwüstung an heiliger Stätte, in gleich zweifach schändlicher Gestalt zweier Männer der Kirche, die die Ehre des Herrn in jämmerlichster Weise mit Füßen treten. Diese geistliche Deutung, in der das Gräuel der Verwüstung im Zusammenhang mit dem Zerfall der Kirche steht, den halte ich nicht für falsch, aber sie ist nicht die ursprüngliche und auch nicht die einzige Deutung. Das müssen wir unterscheiden. Wir sehen es auch gleich, wenn wir die weiteren Stellen im Propheten Daniel anschauen, auf die Jesus sich mit dieser Prophetie ausdrücklich bezieht.

Ich werde nicht müde zu betonen, dass wir das Alte Testament auch im Licht des Neuen Testaments verstehen müssen. Es führt uns in ein tieferes Verständnis, manches Mal erweitert es auch das Verständnis, aber es *ändert* nicht einfach das

Verständnis des Alten Testaments. Wir müssen das Alte Testament deshalb immer noch das sagen lassen, was es ursprünglich und eigentlich auch meint und sagt. Wir haben drei Stellen bei Daniel, die in der griechischen Übersetzung des Alten Testaments, in der Septuaginta, praktisch wörtlich gleich lautend vom Gräuel der Verwüstung reden, wie Jesus hier in Matthäus 24,15. Diese schauen wir jetzt miteinander an. Sie sind ganz wichtig, denn sonst wissen wir nicht, wovon Jesus da eigentlich genau geredet hat.

Ich fange mit der letzten dieser drei Stellen an, die wir in Daniel 12,11 finden. Daniel erhält hier eine Prophetie, die ganz ausdrücklich für das Ende der Zeit gilt, und dazu sagt ihm der Engel Gottes: ***„Von der Zeit an, wo das tägliche Opfer abgeschafft und der Gräuel der Verwüstung aufgestellt wird, sind es 1290 Tage."*** Ich hab hier mal eine Grafik erstellt, auf die wir im Verlauf immer mal wieder blicken werden.

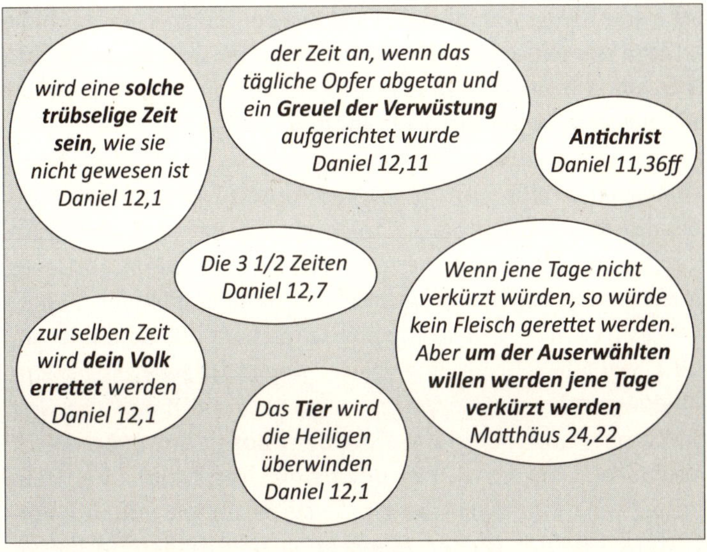

Es gibt mindestens sieben Ereignisse, die sich zusätzlich zum Gräuel der Verwüstung noch einstellen werden. Dass die täglichen Opfer abgetan werden, gehört zum Gräuel der Verwüstung unmittelbar dazu. Der Antichrist, der das Ganze fabriziert, die 1290 Tage, die um 30 Tage verlängerten 3 ½ Zeiten, die eine trübselige Zeit sein werden und von der die Bibel sagt, ***„wenn jene Tage nicht verkürzt würden, würde kein Fleisch gerettet werden. Um der Auserwählten willen aber werden jene Tage aber verkürzt...*** (Und die Tage werden so schlimm sein, dass die Bibel an mehreren Stellen sagt, dass das Tier die Heiligen überwinden wird. Das ist eine der schlimmsten Aussagen der Schrift überhaupt.) ***... und zur selben Zeit wird dein Volk errettet werden."*** Alles, was in diesen sieben Kreisen steht, sind Ereignisse, die mit diesem Geschehen rund um den Gräuel der Verwüstung, die große Drangsal und diese kurze Zeit, in der sich das alles verdichtet, in Zusammenhang zu bringen sind. Die Aufstellung des Gräuels der Verwüstung ist nach Daniel 12,11 also verbunden mit der Abschaffung des täglichen Opfers. Das ist das Erste, was wir zum rechten Verständnis hier festhalten müssen. Die Abschaffung des täglichen Opfers, auch in Daniel 9,27 und Daniel 11,31, gehören mit dem Gräuel der Verwüstung zusammen. Es sind zwei Ereignisse innerhalb ein und desselben negativen, gotteslästerlichen Geschehens. Es ist ganz wichtig, dass wir das verstanden haben. Die Bibel sagt das ganz eindeutig und ganz klar.

Ich muss das heute und in den kommenden Teilen etwas breiter ausführen, denn diese Ereignisse markieren ja den Endpunkt dieser Weltzeit vor der sichtbaren Wiederkunft unseres Herrn Jesus. Wir haben es hier mit dem ultimativen Kampf zwischen Licht und Finsternis, zwischen Gott und Satan zu tun, der allerletzten Zuspitzung. Dieser Kampf ist zwar längst entschieden, spätestens durch den Tod Jesu am Kreuz von Golgatha, aber trotzdem lässt Gott dem Bösen am Ende dieser Weltzeit Raum, um sich in unvorstellbarer Weise über dem Erdball auszubreiten, Macht an sich zu reißen und zur Verwüstung fast der ganzen Menschheit beizutragen. In diesen Tagen, liebe Geschwister, sehen wir es ja selbst, wie sich die Nebel des unsagbar Bösen in einer zunehmenden Dichte und Schwärze, nicht nur über unser Land, sondern um den ganzen

Erdkreis legen, sich enger um diesen zusammenziehen und in ihren tödlichen, satanischen Würgegriff nehmen. Genau von der Zeit reden Jesus und die Bibel hier. Auf das läuft die Welt zu und in den Anfängen dieses Geschehens stehen wir heute. Deshalb ist es wichtig, das möglichst gut zu verstehen, damit wir uns keinen falschen Illusionen hingeben, aber im Wegsehen auf Jesus den Mut und die Hoffnung nicht verlieren. Ich weise gelegentlich auf eine ganz interessante Sache hin, die wir meistens im Hebräerbrief finden. Dort heißt es: ***„Und lasst uns aufsehen auf Jesus, den Anfänger und Vollender unseres Glaubens.“*** Eigentlich bedeutet es wörtlich „wegsehen“. Von was sollen wir wegsehen? Von den Nöten dieser Welt, die uns in Angst und Schrecken versetzen; vor dem Bösen. Wir sollen es nicht ignorieren, aber uns davon auch nicht gefangen nehmen lassen; nicht wie das Kaninchen vor der Schlange im Blick auf das Böse erstarren und gebannt sein. Wir sollen uns vom Blick dieser Schlange wieder lösen und wegsehen auf Jesus, den Anfänger und Vollender unseren Glaubens, hin auf den Sieger. Das ist in den Tagen, die vor uns liegen, täglich von zunehmender Bedeutung: der Blick auf den Sieger!

Die zweite Stelle vom „Gräuel der Verwüstung an heiliger Stätte“ haben wir in Daniel 11,31. Da werden dann Truppen von ihm da stehen und das Heiligtum entweihen; sie werden das tägliche Opfer abschaffen und den Gräuel der Verwüstung aufstellen. Wir sehen wieder, es sind zwei Schritte, zwei Taten im selben Ereignis. Der wahre Gottesdienst, das von Gott gebotene Opfer wird abgeschafft und statt dessen gotteslästerliche Anbetung errichtet. Hier dürfte vor allem die Entweihung des Tempels durch Antiochos IV. Epiphanes gemeint sein.

Für alle, die es historisch nicht im Blick haben: Es war damals, nach dem Reich der Neubabylonier, Meder, Perser und Griechen, Alexander der Große, der in einem wahnsinnigen Tempo ein riesiges Reich bis nach Indien hinein erobert hatte, das aber ebenso schnell wieder zerbrochen ist, wie er es gewonnen hatte, und in die vier Diadochenreiche zerfiel. Vier seiner

Generäle haben es daraufhin unter sich aufgeteilt und eines von diesen vier Diadochenreichen waren die Seleukiden im Norden. Diese wurden dann eben auch vom Norden her nach Israel eingeführt und Israel gräzisiert[8], also „vergriechisiert" würden wir heute ohne Fremdwort sagen. Der antichristliche Exponent dieser Linie war Antiochos IV. Epiphanes. Dieser ließ 167 vor Christus durch seinen Steuereintreiber Apollonius Jerusalem überfallen und plündern. Der Gottesdienst im Tempel wurde abgeschafft und der Rauchopferaltar, der vor dem Allerheiligsten steht, in einen Zeusaltar umfunktioniert. Zudem wurde ein Götzenbild des Zeus, das dann bezeichnenderweise die Gesichtszüge des Antiochos IV. Epiphanes trug, aufgestellt. Dieses aufgestellte Götzenbild war dann das eigentliche „Gräuel der Verwüstung", aber wir sehen genau diesen Zweiklang: Der wahre Gottesdienst, die von Gott gebotenen Opfer werden abgeschafft und ein gräuliches Götzenbild wird anstelle dessen aufgestellt. Am Ende der Zeit, kurz bevor Jesus wiederkommt, wird sich Ähnliches noch einmal ereignen. Dann aber in satanischer Vollendung, wofür das unter Antiochos IV. Epiphanes errichtete Gräuel nur ein relativ geringfügiges Vorbild war. Was dann kommt, wird ganz andere Dimensionen haben.

Daniel 11 weist selbst schon in diese Zeit, denn ab Vers 36 erfolgt etwas, was in der biblischen Prophetie häufig vorkommt: In einem Halbsatz zum nächsten geht es über die Jahrhunderte und Jahrtausende in einem zeitraffenden Sprung bis in die Ewigkeit. Da ist dann von einem König die Rede, der nicht mehr Antiochos IV. Epiphanes sein kann.

Als Drittes haben wir den Abschnitt, den wir bereits in der Lesung gehört haben, Daniel 9,27: ***„Und er*** (der Antichrist) ***wird einen festen Bund mit den Vielen eine Jahrwoche lang schließen und während der Hälfte der Jahrwoche Schlacht und Speisopfer abschaffen und auf dem*** (oder beim) ***Flügel wird der Gräuel der Verwüstung aufgestellt sein und zwar***

[8] Die Gräzisierung ist die Assimilation Fremder in die griechische Sprache und Kultur sowie die griechische Wiedergabe fremder Namen im europäischen Kulturkreis.

so lange, bis sich die fest beschlossene Verwüstung über den Verwüster ergießt." Mit diesem Abschnitt kommen wir dann zu den 70 Jahrwochen, die dem Daniel gezeigt wurden. Das macht es nicht ganz einfach, weil über die Bedeutung der 70 Jahrwochen auch unter bibeltreuen Theologen heftig gestritten wird. Deshalb muss ich heute sehr deutlich und sehr detailliert darauf eingehen, auch deshalb, weil ich der Überzeugung bin, dass wir schon recht nah vor dieser Zeit stehen. Im Grundsatz geht es, auch im Streit unter bibeltreuen Theologen, um die Frage: Hat sich das, was Daniel hier gezeigt wurde, bereits mit dem ersten Kommen Jesu und der Zerstörung Jerusalems unter Titus 70 n. Chr. erfüllt oder bezieht sich die 70. Jahrwoche auf die Endzeit, wenn die Zeit der Heiden erfüllt ist und das zweite Kommen Jesu in Macht und Herrlichkeit unmittelbar bevorsteht?

Um da Klarheit zu gewinnen, müssen wir als erstes Fragen: Worum geht es überhaupt bei diesen 70 Jahrwochen? Weil diese 70 Jahrwochen ein bisschen Dreh- und Angelpunkt dieser ganzen Geschichte sind, denn von da aus entfaltet sich auch rückblickend die andere Sache, müssen wir schon gut verstehen, worum es da überhaupt geht. Das sagt uns Vers 24 sehr deutlich, denn der Engel sagt dem Daniel: ***„70 Wochen sind über dein Volk und über deine heilige Stadt bestimmt."*** Über *dein* Volk und über *deine* heilige Stadt, das ist zu Daniel gesagt. Das Volk und die heilige Stadt *des Daniel* können nichts anderes sein als das Volk Israel und die heilige Stadt Jerusalem.

Der aller berechtigten und wichtigen Bedeutung des Alten Testaments wegen sage ich es noch einmal: Wir müssen das Alte Testament das sagen lassen, was es wirklich selber sagt, und es ernst nehmen. Die rechte Deutung vom Neuen Testament vertieft und erweitert es gegebenenfalls. Es hebt aber den ursprünglichen Sinn *nicht* auf und verwandelt ihn auch nicht einfach in etwas wesentlich anderes. Daniel 9,24 sagt in unmissverständlicher Klarheit, dass die Ereignisse der gesamten 70 Jahrwochen das Volk Israel und die Stadt Jerusalem betreffen und nichts anderes. Das heißt, es geht hier zunächst einmal eindeutig nicht um die Gemeinde Jesu, nicht um die Menschheitsgeschichte im Allgemeinen. Das müssen wir als Allererstes festhalten. 70 Wochen sind über DEIN Volk, über das Volk des Daniel, über Israel und über DEINE heilige Stadt, über Jerusalem bestimmt. Unter dieser Einleitung müssen wir alles Weitere verstehen. Es geht um Israel und um Jerusalem.

Bei der Auslegung der Verse 24 bis 26 herrscht im wesentlichen Übereinstimmung. Die ersten sieben Jahrwochen, zusammen mit den weiteren 62 Jahrwochen ergeben insgesamt 483 Jahre, in denen Jerusalem erbaut ist, in Bedrängnis der Zeiten. Vermutlich beziehen sich die ersten sieben Jahrwochen - 49 Jahre - auf den Wiederaufbau Jerusalems, die weiteren 62 dann auf die Zeit bis zum öffentlichen Auftreten des Messias um 30 nach Christus. ***„Und so sollt du erkennen und verstehen, von dem Zeitpunkt an, als das Wort erging, Jerusalem wieder herzustellen und zu bauen, bis zu einem Gesalbten, einem Fürsten, sind es 7 und 62 Wochen lang, werden Platz und Stadtgraben wieder hergestellt und gebaut sein und zwar in der Zeit der Bedrängnis."*** Den Erlass, den Daniel hier meint, dürfte entweder der sein, mit dem Esra im Jahr 457 vor Christus oder Nehemia 444 vor Christus durch Artaxerxes ermächtigt wurden, den Tempel und die Stadt wieder aufzubauen. Am Ende dieser insgesamt 69 Jahrwochen, sagt dann die Bibel, wird ein Gesalbter ausgerottet. Da sind sich wohl alle Ausleger einig, dass das nur Jesus sein kann. Vers 24 beschreibt, was Christus, der Gesalbte, im Zusammenhang mit seinem ersten und zweiten Kommen tut, um das Verbrechen zum Abschluss zu bringen, den Sünden ein Ende zu machen, die Schuld zu sühnen, eine ewige Gerechtigkeit einzuführen, Gericht und Propheten zu versiegeln und ein Allerheiligstes zu salben; ein umfassendes Versöhnungs- und Erlösungswerk.

„Und nach den 62 Wochen wird ein Gesalbter ausgerottet werden und nicht ist." So schwierig steht es da tatsächlich. Im hebräischen als auch im griechischen Urtext heißt es: ***„und***

nicht ist." Da fangen jetzt die Deutungen an, es stellt sich die Frage, was dem Gesalbten „nicht ist" in dieser Situation. Menge übersetzt einer griechischen Lesart folgend: ***„kein Richterspruch"***, also dass er ohne gültigen, sinnvollen Richtspruch verurteilt worden wäre. Pilatus sagte: ***„Ich finde keine Schuld an ihm."*** Es war also Willkür, kein wirklicher Richtspruch oder ohne dass eine Schuld an ihm wäre? Andere fügen ein: ***„ohne Hilfe"***, denn es hätte ihm ja niemand zur Seite gestanden. Wir wissen es nicht! Interessant ist, dass wir in Daniel 11,45, im Blick auf den Antichristen, der bis ins Detail das Sein und Handeln des wahren Christus nachäfft, fast dieselbe Formulierung haben. Bezogen auf den Antichristen, heißt es in Daniel 11,45 auch ***„und nicht ist."*** Dann allerdings mit der Ergänzung: ***„eine Hilfe."***[9] Wenn der wiederkommende Christus den Antichristen zur Rechenschaft zieht, dann gibt es für diesen weder Hilfe noch Rettung; sein Ende wird ihn unverzüglich ereilen.

Eine Überlegung dazu von mir ist, dass der Antichrist auch das Sein und das Nicht-Sein des Christus nachäfft. Ich will nicht darauf bestehen, dass dies die einzig richtige Betrachtungsweise ist. Die Welt sah Jesus am Kreuz sterben und dann sahen sie, wie sein Leichnam begraben wurde. Daraufhin haben sie zwar an Ostern und danach das leere Grab gesehen, aber den Auferstandenen haben nur die Jünger gesehen; die Welt hat ihn nicht mehr gesehen. In den Augen der Welt „war er nicht", bis er wiederkommt. Und Offenbarung 17,8 sagt vom Antichristen: ***„Das Tier, das du gesehen hast und das war und ist nicht und wird aus dem Abgrund heraufsteigen"***. Möglicherweise ist das in Daniel 9,26 in Verbindung mit Daniel 11,31 bereits auch mit vorhergesagt. Es ist ein ganz schwieriger Abschnitt. Vers 26 ist im Grundsatz klar. ***„Und das Volk eines kommenden Fürsten wird die Stadt und das Heiligtum zerstören."*** Hier ist zunächst erst einmal vordergründig Titus gemeint. Ich persönlich halte es für wahrscheinlich, dass auch dieser Abschnitt nicht nur Titus meint, sondern zugleich auf das endzeitliche Kommen des Antichristen und seiner Heere voraus schaut. Is-

[9] „ohne dass jemand ihm zu Hilfe kommt" (Menge)

rael wird bis zum Ende Not und Krieg erleiden. Der kommende Herrscher ist in typischer Weise zweigeteilt; zunächst ist wieder Titus gemeint und am Schluss der Antichrist; ebenso bei Antiochos. Wir finden diese Zweiteilung ganz oft. Mindestens der zweite Halbsatz geht dann auch schon in diese Richtung: ***„und bis zum Ende ist Krieg, fest beschlossene Verwüstung."***

Ab hier gehen die Meinungen auch der bibeltreuen Ausleger wie z.B. Karl August Auberlens[10], weit auseinander. Mir wurde auch die Schrift des Judenchristen Peter Cohen zugeschickt. Beide deuten die 70. Jahrwoche ganz auf Christus und sein erstes Kommen und die Zerstörung Jerusalems durch Titus. Wir lesen hier nochmal den Vers 27: ***„Und stark machen wird er einen Bund für die Vielen eine Woche lang und zur Hälfte der Woche wird er Schlachtopfer und Speiseopfer aufhören lassen und auf dem Flügel wird er Gräuel der Verwüstung aufgestellt sein und zwar so lange, bis sich die fest beschlossene Verwüstung über den Verwüster ergießt."*** Wenn man diesen Vers ganz auf Christus deutet, lautet die Auslegung wie folgt: Jesus macht als Gesalbter einen Bund für die Vielen, nämlich den neuen Bund. Durch seinen Tod am Kreuz lässt er Schlacht- und Speiseopfer aufhören, denn nach seinem Opfertod sind ja Opfer nicht mehr nötig. Als Gräuel der Verwüstung wird dann die Zerstörung Jerusalems und des Tempels durch Titus verstanden.

Ich halte diese Deutung allerdings für komplett abwegig und ausgeschlossen. Ich habe mich in den vergangenen Wochen sehr intensiv mit dieser Frage beschäftigt und es ist wichtig, dass ich euch heute damit quäle. Es ist zugegebener Maßen vielleicht heute ein sehr trockenes Thema, aber es muss sein, denn das rechte Verständnis dieser 70. Jahrwoche ist nachher mit Blick auf die sieben Punkte meiner Karte sehr wesentlich. Es steht alles in einem Zusammenhang miteinander und wenn wir da schon im Grundverständnis grob daneben liegen, dann tun wir uns schwer, den Rest sauber zuzuordnen. Meines Er-

[10] Karl August Auberlen † 2. Mai 1865; war ein bekannter deutscher lutherischer Theologe und Ausleger

achtens sind die Gründe dafür, warum diese Deutung, wie ich sie gerade gesagt habe, nicht stimmen kann, vielfältig. Ich habe ein paar Punkte hervorgehoben: Bis zum Ende ist Krieg, fest beschlossene Verwüstung. Das Ende ist in der biblischen Prophetie niemals ein Geschehen allein um das erste Kommen Jesu herum, sondern immer ein Geschehen rund um seine Wiederkunft am Ende der Zeit. Das war das Erste, was missachtet wird. Zweitens, und da wird es noch viel deutlicher: Der Bund, den Jesus machte, wäre dann auf eine Jahrwoche begrenzt – sieben Jahre, das ist völlig absurd. Es ist ja ein ewiger Bund! Um nun diese offenkundige Absurdität zu vermeiden, löst man dann bei dieser Deutung den wörtlichen Sinn der 70. Jahrwoche vollkommen auf. Während man die ersten 7 und 62, zusammen 69 Jahrwochen wörtlich nimmt und addiert und auch die erste Hälfte mit 3 ½ Jahren wörtlich nimmt, wird die zweite Hälfte dann als die Ewigkeit verstanden. So kann man mit biblischen Abschnitten meines Erachtens nicht umgehen. Man muss schon innerhalb desselben Abschnitts auch derselben Logik folgen und dies nicht willkürlich so hindeuten, wie es passt. Drittens: Der Opfertod Jesu, der die Opfer ja angeblich aufhören lässt, würde aber dann erst in die Mitte der 70. Jahrwoche fallen, denn die Opfer hören ja erst zur Mitte der 70. Jahrwoche auf. Tatsächlich würde bei dieser Konstruktion der Neue Bund nicht einmal eine Jahrwoche lang bestehen, denn geschlossen wird der Neue Bund ja erst durch den Opfertod Jesu am Kreuz und durch das hier vergossene Blut des Bundes. Also ich weiß nicht, was sich die Ausleger, die dieser Linie folgen, da denken.

Ich zeige uns, um es uns deutlich zu machen, auch nochmal einige andere Stellen, die uns eigentlich ganz klar sind: Lukas 22,20, Parallelstelle 1.Korinther 11,25. Mit diesen Worten reiche ich beim Abendmahl in der Regel auch der Gemeinde den Kelch: ***„Dieser Kelch ist der Neue Bund in meinem Blut.“*** Der Neue Bund wird durch das Blut Jesu, das er am Kreuz von Golgatha vergießt, geschlossen und keine Sekunde vorher. Paulus schreibt in Römer 11.27 und zitiert dabei Jesaja und Jeremia:

„Und dies ist der Bund von mir für sie, wenn ich ihre Sünden wegnehmen werde." Wann hat er es getan? Durch seinen Tod am Kreuz und keine Sekunde vorher! Fortlaufend sehen wir in Hebräer 9,18, dass auch der erste Bund, genauso wie der zweite, nicht ohne Blut am Kreuz vergossen und eingeweiht worden ist. Ich führe das hier breiter aus, weil allein dieser Gedanke die vorgenannte Auslegung völlig unmöglich macht. Nach dieser Deutung müssten nämlich die Abschaffung des Opfers und der Beginn des neuen Bundes zusammen fallen. Das wäre aber dann die Mitte der 70. Jahrwoche. Aber Daniel 9 sagt ganz eindeutig, dass der Neue Bund zum Beginn der 70. Jahrwoche geschlossen würde und dann eine Woche dauert. Also, es passt hinten und vorn nicht zusammen. Außerdem lässt der Tod Jesu, und jetzt kommen die Feinheiten, die Opfer nicht aufhören. Er macht sie zwar inhaltlich überflüssig, zumindest die Sündopfer, aber ob sie deshalb aufhören, ist dann eine ganz andere Frage. Es passiert vieles in dieser Welt, was sinnlos ist, es hört deshalb trotzdem nicht auf. Des weiteren haben wir gesehen, dass die Abschaffung der Opfer und die Aufstellung des Gräuels der Verwüstung zwei Ereignisse ein und derselben Münze sind. Auch dieser Gedanke allein reicht völlig aus, um diese Auslegung ad Absurdum zu führen. Es ist dieselbe gottfeindliche Macht und Person, die zuerst die von Gott befohlenen Opfer abschafft und dann den Gräuel der Verwüstung aufstellt. Die Abschaffung der Opfer kann sich deshalb nicht auf die positive Heilstat Jesu am Kreuz beziehen, weil sie eindeutig ein negatives Handeln gegen die Anbetung des wahren Gottes beschreibt und kein Heilshandeln. Den Gräuel der Verwüstung, auf die Zerstörung des Tempels zu beziehen, das hab ich auch schon gesagt, wird diesem Geschehen überhaupt nicht gerecht, da es sich hier nicht um eine Verwüstung im Sinne von äußerer Zerstörung handelt, sondern um eine Entstellung der wahren Gottesanbetung und ihre Verkehrung in Götzendienst. Hier wird ganz ausdrücklich nichts zerstört, sondern aufgerichtet und hingestellt, nämlich der Gräuel der Verwüstung an heiliger Stätte. Dies würde allerdings das Vorhandensein oder *Wieder*-Vorhandensein der heiligen Stätte, eben eines Tempels in Jerusalem, voraussetzen. Deshalb sind zahlreiche bibeltreue Christen, wie ich auch, fest davon überzeugt, dass in den nächsten Jahren noch einmal in Jerusalem ein Tempel erbaut werden wird. Dass das nicht der Tempel des Hesekiel ist usw. hab ich bereits im dritten Teil der biblischen Prophetie dargelegt.

Außerdem missachtet diese Deutung wie auch jede sogenannte Ersatztheologie, welche lehrt, dass in irgendeiner Weise die Gemeinde Jesu an die Stelle des alttestamentlichen Gottesvolkes getreten wäre und die Verheißungen für Israel sich in der Gemeinde erfüllen, die völlig klare Aussage Jesu wie etwa in Matthäus 21,43: ***„Das Reich Gottes wird von euch weggenommen."*** Ihr wisst, wo es steht, z.B. im Zusammenhang von den ungerechten Weingärtnern. Gott hat seinen Weingärtnern, dem Volk Israel, einen wunderbaren Weinberg angelegt. Mit einer Schutzmauer außen herum, mit einer Kelter und bepflanzt mit edelsten Weinstöcken. Einmal im Jahr schickt er seinen Boten, um die Pachtgebühr zu holen. Die bekommt er aber nicht. Am Schluss schickt er seinen Sohn und hofft, dass sie wenigstens ihn verschonen werden. Leider bringen sie auch ihn um, den Herrn Jesus. Wir wissen, was Jesus dann sagt. Jetzt bekommt der Weinbergbesitzer einen dicken Hals, er sagt: „Der richtende Gott, er wird seine Heere schicken und wird euch platt machen und wird den Weinberg anderen geben." Genau in dem Zusammenhang sagt Jesus: ***„Das Reich Gottes wird euch weggenommen."*** Leute, allein dieser Satz der Schrift schmeißt die ganze sogenannte Ersatztheologie komplett über den Haufen. Denn dann kann man den neuen Bund nicht mehr so deuten, als wären durch den neuen Bund die alttestamentlichen Verheißungen für Israel schon im wesentlichen erfüllt. Das Gegenteil ist ja dramatischer Weise der Fall! Der Neue Bund gibt Israel nicht das Reich, das ihn der Alte Bund verheißen hat, sondern er nimmt es ihnen weg. Das sagt Jesus selber ja ganz ausdrücklich. Durch den neuen Bund wird dem Volk Gottes, dem Volk des Daniel, das Reich weggenommen; dieses Reich wird Heiden, den anderen, gegeben. Das ist der Sinn des neuen Bundes. Dass auch im Einzelfall Juden, die zum Glauben an den Messias kommen, mit dabei sein dürfen, ist ein anderes Thema. Das hat aber mit der Grundaussage, dass Jesus sagt, „ich nehme euch das Reich weg“, nichts zu tun und ändert daran auch nichts. Das ist die Grundaussage: Der Neue Bund nimmt Israel das Reich weg und stellt Israel an die Seite, außerdem ist der Neue Bund für Israel zunächst nicht Heil, sondern Verwerfung und Gericht. Das betont Jesus selber und das können wir nicht durch eine Ersatztheologie ins totale Gegenteil verkehren und sagen, durch den neuen Bund würden sich jetzt die ganzen alttestamentlichen Verheißungen in der Gemeinde erfüllen. Nein, das tun sie ausdrücklich nicht. Jesus selbst sagt das Gegenteil.

Warum ist das für uns alles so wichtig? Wie ich schon sagte, wir leben in einer Zeit, in der das Evangelium bereits allen Völkern verkündigt sein könnte. Wir leben in einer Zeit, in der das Ende dieser Weltordnung und die Dinge, mit denen wir uns heute und in den kommenden Predigten beschäftigen, ganz schnell kommen könnten. Wir wissen nicht, ob der Herr nochmal irgendwelche verzögernden Ereignisse dazwischen schiebt; ob es noch Jahre, vielleicht sogar Jahrzehnte dauert. Es ist möglich, dass vieles, von dem wir da in der Bibel lesen, bereits in den nächsten Jahren und nicht Jahrzehnten über diesen Erdball kommt und weil sich das nicht mehr irgendwo in ferner Zukunft bewegt, wo wir sagen könnten: „unsere Enkel...“. Da ist es hilfreich, vorbereitet zu sein. Schon vor fünf Jahren mit dem Zuwanderungs-Wahnsinn haben viele gesagt: „Meine Enkel tun mir leid.“ Ich habe da gedacht, liebe Leute, um eure Enkel mache ich mir am allerwenigsten Sorgen, es geht um euch und um eure Kinder. Eure Enkel kommen irgendwo unter „ferner liefen“ vor. Von den Enkeln brauchen wir nicht zu reden, die trifft es natürlich mit, aber die Dinge kommen nicht erst in 30-50 Jahren, wo man an die Enkel denken müsste und wir und die Kinder schon längst beim Herrn wären. Jetzt höre ich es wieder in Zusammenhang mit Corona: „Meine Enkel tun mir leid.“ Anscheinend haben es viele noch gar nicht begriffen, wie sich die Dinge verdichtet und überschlagen haben. Ich persönlich befürchte, ich sage es so ausdrücklich, das ist kein Wort vom Herrn, sondern meine ganz persönliche Einschätzung: Ich persönlich befürchte, dass wir an dem Zeitpunkt, wo es keine verzögernden Elemente mehr gibt, sondern die Dinge sich überschlagen, sehr nah dran sind. Wenn wir diesen Zeitpunkt mit Corona nicht sogar schon überschritten haben sollten, was ich nicht für ausgeschlossen halte. Was gerade passiert, ist von globaler Dynamik - ein unvorstellbarer Eingriff in das gesamte Weltgeschehen. Deshalb ist es wichtig, dass wir eine Vorstellung von dem haben, was Gott uns über diese Zeit sagt, damit wir wissen, was auf uns zukommt und worauf wir uns einstellen müssen. Dazu sagt es uns Gott in seinem Wort ja auch *voraus,* damit wir es wissen. Nicht nur damit sich theologische Gelehrte darüber die Köpfe zerbrechen und über das richtige Verständnis wetteifern, sondern damit wir vorbereitet sind und wissen, was kommt.

Wie ich schon sagte, die 70. Jahrwoche im Buch Daniel ist mit vielen Zeichen verbunden. Es sind nicht nur die Abschaffung der Opfer und der Gräuel der Verwüstung, sondern es geht auch um das Kommen des Antichristen, die Begrenzung auf 3 ½ Zeiten, darum dass es eine trübselige Zeit sein und Israel am Ende errettet werden wird. Aber zuvor wird das Tier die Heiligen überwinden. Das alles und mehr steckt da drin. Liebe Geschwister, uns muss ganz klar sein, dass wir nicht in glorreiche Zeiten gehen! Mich hat es immer wieder erschaudert, wenn wir in Bibelgesprächskreisen an eine dieser Stellen gekommen sind, wo davon die Rede ist, dass das Tier die Heiligen überwinden wird. Die Macht des Bösen wird so gigantisch sein auf dieser Erde, dass nicht ein einziger Christ beim Glauben und beim Herrn bliebe, wenn der Herr diese Tage nicht verkürzen würde. Der Antichrist, die Macht des Bösen, wird zunächst einen totalen Scheinsieg auf dieser Welt erzielen. Darauf dürfen und müssen wir uns einstellen; es wird nicht leichter werden. Der Herr selbst sagt uns, dass diese Zeit mit all ihren furchtbaren Schrecken kommen muss. Das Böse <u>muss</u> zum finalen

Gericht ausreifen. Das ist das dramatische an dieser Botschaft, aber dann kommt das Tröstliche: Das Böse hat nur eine ganz eng begrenzte kurze Zeit, um in dieser Macht zu toben und zu wüten. Und dann, nach einer kurzen Zeit der beinahe totalen Herrschaft des Bösen, deren Anfänge wir heute schon sehen, kommt der Herr und räumt das Böse weg.

Die 70. Jahrwoche gibt uns ein wichtiges Grundmuster vor. Sie sagt uns voraus, dass diese letzte Phase eben eine Jahrwoche, also sieben Jahre dauert und diese in zwei Abschnitte unterteilt ist, die beide vom Antichristen geprägt sind. Zunächst wird dieser einen Bund schließen. Der dürfte sich keineswegs nur auf Israel begrenzen, sondern viel eher in einem weltweiten Völkerbund des Friedens Ausdruck finden. Ein Kernpunkt dieses Bundes ist, dass er das Nahostproblem und die Jerusalemfrage löst, zumindest scheinbar. Er wird ermöglichen, dass ein neuer Tempel in Jerusalem erbaut und die Opfer nach den Ordnungen des Alten Testaments wieder eingeführt werden. Wir können uns das gut vorstellen, denn seit Jahrzehnten streiten sich die Völker um Jerusalem und die Nahostfrage. *Der* Mensch, der *das* Problem löst, auch wenn es nur scheinbar ist, ist allein deshalb schon der Superstar und der Friedensnobelpreis ist ihm sicher. Aber er wird noch weitere Wohltaten über die Erde ausgießen; Scheinwohltaten, die den Antichrist zum globalen Star machen. Die Welt wird ihm zu Füßen liegen.

Wer dieser Tage viel im Internet unterwegs ist, der wird feststellen, dass in vielen nationalen oder esoterischen Kreisen und auch auf vielen der alternativen Seiten immer wieder von einem „goldenen Zeitalter“ die Rede ist. Das goldene Zeitalter würde kommen und mit ihm vielleicht ein neuer Kaiser und eine neue goldgestützte Währung. Es herrsche wieder Zucht und Ordnung, Fleiß würde belohnt und die korrupten, pädophilen Geldeliten würden eliminiert, usw. Ich muss immer sagen, auch wenn es durch schwere Kriege ginge, es ist trotzdem viel zu schön, um wahr zu sein. Die Bibel sagt was anderes! Wenn hier vom goldenen Zeitalter die Rede ist, dann dürfte das möglicherweise genau dieser kurze Zeitabschnitt sein; diese erste Hälfte der 70. Jahrwoche, in der der Antichrist einen wunderbaren Scheinfrieden auf dieser Erde errichtet. Scheinwohlstand und Glück für alle, die ihm nicht widersprechen. Aber wie das sogenannte 1000-jährige Reich des österreichischen Imports vor Jahrzehnten nur wenige Jahre dauerte, so wird auch diesem goldenen Zeitalter eine noch kürzere Frist beschieden sein. Nach 3 ½ Jahren wird dieser Mensch Satans sein wahres Gesicht zeigen und die eben erst erlaubten Opfer im Tempel wieder verbieten, Anbetung soll jetzt nur noch ihm zukommen. Dann wird eine grausame Verfolgung gegen alle, die sich ihm nicht bedingungslos unterwerfen, einsetzen. Schon heute sehen wir ja die technischen Möglichkeiten und Kontrollmittel, die auch gerade im Schatten von Corona, beispielsweise mit der Corona-App, dem Immunitätsausweis oder Zwangsimpfungen und allen möglichen anderen Zwangsmitteln in unseren Alltag einziehen und zur neuen Normalität werden sollen. Wer da nicht schon selbst spürt, wie diese Zeit nahe gekommen ist, bei dem weiß ich auch nicht, was noch fehlt, damit ihm wirklich noch ein Licht aufgeht.

Unterstützt wird der Antichrist durch gewaltige Zeichen und Wunder. Das ist das andere große Phänomen, das wir in diesen Tagen auch schon beobachten können: die enorme Zunahme der charismatischen und esoterischen Bewegung. Mir tut das immer so leid. Wir haben so viele esoterische Geschwister, die unsere Predigten anhören und die von Jesus begeistert sind. Sie begreifen aber gar nicht, dass ihr „esoterischer Jesus," nichts mit dem Jesus der Bibel zu tun hat. Und sie bereiten natürlich den Machttaten des Bösen den Weg, weil sie seine Macht stärken, obwohl sie das gar nicht wollen. Sie begreifen es nicht. Ein Zeichen des Antichristen wird sein, dass er der größte Wundertäter ist, der seit Jesus seinen Fuß auf die Erde gesetzt hat. Und diese „wunder-volle" Zeit ist die sogenannte große Trübsal. Das werden wir uns in den kommenden Predigten noch näher anschauen.

Heute schließen wir mit dem Blick auf sein Ende: ***„bis sich fest entschlossene Verwüstung über den Verwüster ergießt.“*** Wir wissen, er hat schon verloren, bevor er überhaupt anfängt. Das Böse mag toben, wie es will, Christus ist der Sieger und wir mit ihm. Wir stehen an seiner Seite und so gestärkt gehen wir auch getrost in diese und durch diese Tage hindurch, ihm entgegen. Wenn Jesus kommt, dann wird unsere Not zu Ende sein und unsere Herrlichkeit als Kinder Gottes offenbar werden - wenn wir zu Jesus gehören. Es muss daher in diesen Tagen unsere aller oberste und wichtigste Aufgabe sein, uns darüber Klarheit zu verschaffen: Gehöre ich persönlich zu Jesus? Werde ich in diesen Zeiten der Macht des Bösen hilf- und schutzlos ausgeliefert sein oder werde ich zu Jesus gehören? Bin ich bei ihm, weil ich sein Heil angenommen, mein Leben in seine Hände gelegt habe und ich weiß: Er führt mich durch zum Ziel, zum Licht, zum ewigen Leben? Amen.

Teil 6

Offenbarung 19,17-20,3:
„Und ich sah einen Engel in der Sonne stehen; und er rief mit lauter Stimme und sprach zu allen Vögeln, die inmitten des Himmels fliegen: Kommt und versammelt euch zu dem Mahl des großen Gottes, um das Fleisch der Könige zu verzehren und das Fleisch der Heerführer und das Fleisch der Starken und das Fleisch der Pferde und derer, die darauf sitzen, und das Fleisch aller, der Freien und der Knechte, sowohl der Kleinen als auch der Großen! Und ich sah das Tier und die Könige der Erde und ihre Heere versammelt, um Krieg zu führen mit dem, der auf dem Pferd sitzt (nämlich der wiederkommende Christus auf einem weißen Pferd), *und mit seinem Heer. Und das Tier wurde ergriffen und mit diesem der falsche Prophet, der die Zeichen vor ihm tat, durch welche er die verführte, die das Malzeichen des Tieres annahmen, und die sein Bild anbeteten; die beiden wurden lebendig in den Feuersee geworfen, der mit Schwefel brennt. Und die Übrigen wurden getötet mit dem Schwert dessen, der auf dem Pferd sitzt, das aus seinem Mund hervorgeht, und alle Vögel sättigten sich von ihrem Fleisch.*
Und ich sah einen Engel aus dem Himmel herabsteigen, der hatte den Schlüssel des Abgrundes und eine große Kette in seiner Hand. Und er ergriff den Drachen, die alte Schlange, die der Teufel und der Satan ist, und band ihn für 1000 Jahre und warf ihn in den Abgrund und schloss ihn ein und versiegelte über ihm, damit er die Völker nicht mehr verführen kann, bis die 1000 Jahre vollendet sind. Und nach diesen muss er für kurze Zeit losgelassen werden."

Das 1000-jährige Reich

Bei diesem schwierigem und komplexem Thema habe ich mir ganz bewusst Zeit gelassen. Auch unter bibeltreuen Auslegern gibt es sowohl zu vielen Details als auch zum großen Ganzen sehr verschiedene Sichtweisen. Einig sind sich wohl alle nur in der Tatsache, dass Christus am Ende dieser Weltzeit wiederkommt. Allein schon mit der Frage, ob die Entrückung mit der sichtbaren Wiederkunft Jesu zusammen fällt oder dieser mehrere Jahre vorausgeht, gehen die Meinungen weit auseinander. Ich behaupte auch ausdrücklich nicht, dass ich in allen Details den absoluten Durchblick hätte und nur das Verständnis biblisch möglich wäre, das ich hier biblisch vertrete. Es ist mir ganz wichtig, dass wir deshalb über die Auslegungen nicht in Streit geraten und einander nicht die Bibeltreue absprechen. Bibeltreue entscheidet sich nicht an übereinstimmender Erkenntnis in den zentralen entscheidenden Heilsfragen - natürlich auch deshalb, weil die Bibel ja entsprechend klar redet, aber im Grundsatz entscheidet sich Bibeltreue an einer übereinstimmenden Grundhaltung der Ehrfurcht gegenüber dem Wort Gottes. Ich weiß, dass Brüder und Schwestern in diesen Fragen zum Teil zu ganz anderen Erkenntnissen kommen als ich, die deshalb aber ganz gewiss nicht weniger bibeltreu sind und dieselbe Wertschätzung, Liebe und Treue zum Wort Gottes haben wie ich auch. Was nicht heißt, und damit komme ich schon mehr zum Inhaltlichen, dass ich alles nachvollziehen kann, was andere an Erkenntnissen haben. Das gilt allerdings für beide Seiten, für die verschiedenen Theorien. Manches wirkt sehr konstruiert. Ich habe gerade die letzten Wochen und Monate doch noch das ein oder andere Buch dazu gelesen und mich mit Argumenten auseinandergesetzt. Manche Auslegung ist so, dass ich sagen würde: Ja, das kann man so sehen, aber man kann es wahrscheinlich auch ganz anders sehen. Auf beiden Seiten sehe ich zum Teil schwere Mängel bei der Auslegung, teils Behauptungen und Konstruktionen, die mir die theologischen Haare zu Berge stehen lassen. Ich muss allerdings auch sagen, es ist wesentlich leichter, die Auslegungsfehler bei anderen zu sehen, als es dann selber wesentlich besser zu machen; gerade bei solch schwierigen Themen. Die Probleme liegen teils darin begründet, dass schon manche Einzelaussagen der Bibel nicht leicht zu deuten sind. Außerdem muss man bei diesem Themenkomplex mehrere Einzelaussagen in eine bestimmte Richtung auslegen, um dann zur jeweiligen Gesamtsicht zu kommen. Es ist also nicht einfach so, dass wir sagen könnten: Da oder dort steht es eindeutig geschrieben.

Ein Beispiel: Die Vertreter der Vorentrückung, also jener Auslegung, nach der die Entrückung schon vor der sichtbaren Wiederkunft Jesu stattfindet, bringen als Beleg dafür unter anderem die Zusage Jesu in Johannes 14,2-3. Da sagt Jesus: ***„Im Haus meines Vaters sind viele Wohnungen und wenn ich hingehe, euch eine Stätte zu bereiten, so komme ich wieder und werde euch zu mir nehmen*** (also in das Haus des Vaters im Himmel), ***damit auch ihr seid, wo ich bin."*** Diejenigen, da kommen wir später noch näher drauf, die glauben, dass das 1000-jährige Reich jetzt schon besteht, sagen: Klar, kein Problem, Jesus kommt wieder, macht vielleicht noch kurz den Antichristen platt und nimmt dann die unmittelbar zuvor Auferweckten und Gläubigen mit sich in den Himmel, in die vorbereiteten Wohnungen im Haus des Vaters. Nach einem ganz kurzen Zwischenstopp auf der Erde, um den Antichristen und seine Heere fertig zu machen, geht im Prinzip die Bewegung ziemlich schnell in die himmlischen Wohnungen. Wer aber überzeugt ist, dass das 1000-jährige Reich erst vor dem wiederkommenden Herrn errichtet wird und dann seine Heiligen mit ihm auf der Erde regieren, der wird das ganz anders sehen. Der sagt ja, dass Jesus kommt, um seine Jünger in die himmlischen Wohnungen des Vaters zu holen, muss *vor* seiner sichtbaren Wiederkunft geschehen. Sonst nimmt Jesus die Seinen ja gar nicht mit ins himmlische Reich des Vaters, sondern bleibt mit ihnen auf der Erde, um hier 1000 Jahre mit ihnen zu regieren. Das ist nur ein kleines Beispiel, das zeigt, wie ein und dieselbe Stelle ganz anders interpretiert wird, je nachdem, welche Vorentscheidung ich an einer ganz anderen Stelle schon getroffen habe. Die Frage des Zeitpunkts der Entrückung und ob die Entrückung mit der sichtbaren Wiederkunft Jesu zusammenfällt oder dieser in einem deutlichen Abstand vorausgeht, hängt auch ganz eng mit der Frage des

1000-jährigen Reichs zusammen. Das sowie die verschiedenen Auffassungen dazu wollen wir uns heute genauer anschauen.

Das 1000-jährige Reich wird auch *Millennium* genannt. Der Begriff ist zusammengesetzt aus dem lateinische mille - „tausend" und annus - „Jahr" Es gibt drei Theorien, drei Glaubensrichtungen: den A-Millenialismus, den Postmillennialismus und den Prämillennialismus. Ich kann diese Richtungen hier nur grob skizzieren, da sie sich im Detail auch wieder unterschieden. Das A in Amillennialismus steht für Ablehnung. Das kennen wir auch beim Atheismus; der Atheist glaubt nicht an Gott. Der A*milleniarist* glaubt nicht an ein zukünftiges 1000-jähriges Reich, in dem Christus auf dieser Erde herrscht. Er ist vielmehr der Überzeugung, dass sich die Verheißungen des Alten Testaments für Israel ganz in der neutestamentlichen Gemeinde erfüllen. Bei dem ersten Kommen Jesu hat er durch seinen Sieg am Kreuz von Golgatha Satan überwunden und gebunden und durch die Verkündigung des Evangeliums breitet sich das Reich Gottes auf dieser Erde weiter aus, bis Christus wiederkommt. Es kommen also immer mehr und noch mehr Menschen zum Glauben, so die Meinung der *Amilleniaristen.* Manche glauben, zum Schluss gibt es noch einen kleinen Glaubensabfall, aber Jesus kommt in dieser Vorstellung erst zum Abschluss des 1000-jährigen Reichs. Das 1000-jährige Reich wird als die gesamte Zeit, zwischen dem ersten und dem zweiten Kommen Jesu, verstanden. Wenn Jesus dann wiederkommt, dann kommen der neue Himmel und die neue Erde.

Der *Postmilleniarist* glaubt fast dasselbe, deshalb wurden die Beiden auch über Jahrhunderte nicht voneinander unterschieden. Auch der Postmillennialismus glaubt, dass Jesus erst nach dem 1000-jährigen Reich kommt; post heißt nach. Der Unterschied zum *Amilleniarist* besteht vor allem darin, dass der *Postmilleniarist* das 1000-jährige Reich nicht als die ganze Zeit zwischen dem ersten und zweiten Kommen Jesu versteht, sondern nur als eine besondere Phase. Zum Ende hin breitet sich das Evangelium mehr und mehr aus und in der Folge davon entsteht dann ein goldenes Zeitalter des Friedens auf dieser Erde. Dies wird aber nicht durch den wiederkommenden Herrn geschaffen, sondern durch die Kirche, durch die Christenheit.

Der Prä*milleniarist* dagegen glaubt, dass das 1000-jährige Reich eine zukünftige Zeit ist. Jesus kommt zuvor wieder; prä heißt zuvor. Nachdem Jesus den Antichristen und den falschen Propheten in den feurigen Pfuhl geworden hat, ihre Heere durch den Hauch seines Mundes vernichtet wurde und Satan im Abyssos gebunden ist, baut er das 1000-jährige Reich auf dieser Erde. Bei seiner sichtbaren Wiederkunft kommt der ganze Rest Israels zum Glauben und die Prophezeiungen des Alten Testaments für die endzeitliche Wiederherstellung Israels gehen nun im 1000-jährigem Reich in Erfüllung. Die Gläubigen regieren während dieser 1000 Jahre mit Christus auf der Erde.

Wir sehen, dass das Verständnis vom 1000-jährigem Reich auch ganz entscheidend mit dem Verständnis von Israel und der Gemeinde zusammen hängt. Also diejenigen, die die sogenannte Ersatztheologie vertreten, bei der die Gemeinde völlig gültig und umfassend an die Stelle Israels getreten ist, lehnen deshalb interessanterweise auch das 1000-jährige Reich als noch etwas Kommendes ab. Man sieht schon, es ist ein ganz großes Geflecht und man kann hier nicht eine Frage isoliert von der anderen betrachten; es hängt alles miteinander zusammen. Mit der Erwählung Israels und dem 1000-jährigem Reich sowie den drei unterschiedlichen Spielarten der Auslegung habe ich mich deshalb noch einmal ganz intensiv befasst. Ich komme allerdings nicht umhin, hier im Blick auf Israel einen klassischen Kategorienfehler zu sehen. Wesentliches habe ich schon in den Teilen 4 und 5 dieser Reihe ausgeführt. Da das Thema aber so wichtig ist - ein Dreh- und Angelpunkt, wenn man die gegenwärtigen und zukünftigen Dinge verstehen will - erinnere ich hier noch einmal an ein paar Punkte. Die völkische und die geistliche Ebene der Berufung Israels sind zwei komplett verschiedene Kategorien. Selbstverständlich hat die Berufung Israels ein geistliches Ziel und selbstverständlich ist auch das Neue Testament die gültige Auslegung des Alten Testaments, aber - so ging mir nochmals durch den Kopf - eine Auslegung *erläutert* den Sinn, aber sie *verändert* ihn nicht. Eine gültige Auslegung darf nicht den Sinn über das, was das Alte Testament ursprünglich mal gesagt und gemeint hat, entstellen. Sie muss ihn sinnvoll wiedergeben und vielleicht auch nochmal in einem neuen Licht betrachten. Das geistliche Ziel der Berufung Israels erfüllt sich während der Zeit der Gemeinde, am Volk des neuen Bundes. Deshalb ist es auch überhaupt nicht verwunderlich, dass im Neuen Testament die Verheißungen des Alten Bundes geistlich auf die Gemeinde Jesu angewandt werden. Wie ich schon in früheren Predigten gesagt habe, geistlich können wir bis zur Wiederkunft Jesu die Gemeinde durchaus als das eine Volk Gottes verstehen, denn in der Zeit der Gemeinde ist die völkische Berufung Israels auf Eis gelegt. Insofern gibt es in der Zeit der Gemeinde keine zwei Völker Gottes, weil Israel in dieser Zeit als Volk verworfen ist und unter dem Gericht Gottes steht. Nur der Israelit, der Christus als seinen Messias erkannt und angenommen hat und damit zur christlichen Gemeinde gehört, zählt in dieser Zeit auch wirklich zum geistlichen Volk Gottes. Das gilt eben nur auf der geistlichen Ebene; die völkische Kategorie der Berufung Israels ist etwas völlig anderes, auch wenn beides miteinander zusammenhängt. Gott hat nun einmal das Volk Israel nicht nur zu einem geistlichen Ziel berufen; er hat es als Volk berufen. Ich denke das wird permanent übersehen und deshalb kann die Erfüllung dieser Berufung für Israel auch nur am Volk Israel geschehen. Deshalb sind auch die ganzen neutestamentlichen Aussagen, in denen die geistlichen Verheißungen für Israel für die Gemeinde in Anspruch genommen werden, überhaupt kein Gegenargument, da sie ja nur auf der geistlichen Ebene, nicht aber auf der völkischen Ebene anwendbar sind. Das Problem des Kategorienfehlers ist, dass man auf einer anderen Ebene argumentiert und am Ziel vorbei schießt.

Ich habe mir überlegt, wie man das auf ein greifbares Beispiel übertragen kann, um es besser anschaulich zu machen. Ich vergleiche es mit einem Auto. Da hat ein Ingenieur einen genialen Motor entworfen und hat dann für diesen Motor auch noch ein besonderes Auto gebaut, mit Fahrgestell, Getriebe und allem, was eben zu so einem Auto dazu gehört. Dieser Ingenieur hat sich fest vorgenommen, und zwar aktenkundig und notariell rechtsverbindlich festgelegt, dass er *dieses* Auto mit seinem genialen Motor zum Laufen bringen will. Aus irgendeinem Grund funktioniert das aber nicht so, wie er sich das vorgenommen hat. Er baut deshalb noch ein zweites Auto, baut seinen genialen Motor in dieses zweite Auto ein und das läuft wunderbar. Hat sich nun damit, dass der Motor im zweiten Auto super läuft und dieses auf der Rennstrecke auch noch ständig neue Rekorde fährt und erste Plätze belegt, die rechtsverbindliche Willenserklärung für das erste Auto erfüllt? Logischerweise nicht! Das erste Auto steht mittlerweile ohne Motor, nutzlos und fern seiner Berufung in der Scheuer.

Wenn wir das auf Israel übertragen, dann ist der Motor die geistliche Ebene der Berufung Israels. Diese erfüllt sich in der Zeit zwischen dem ersten und dem zweiten Kommen Jesu in der Gemeinde. Das hat aber mit der Berufung Israels als Volk rein gar nichts zu tun. Das Volk steht gewissermaßen ohne Motor, nutzlos und fern seiner Berufung in der Scheuer der Heilsgeschichte und wartet darauf, dass der Konstrukteur eines Tages kommt, das motorlose Auto wieder raus holt, den Motor einbaut und das, was er sich vorgenommen hat, auch zur Vollendung bringt. Und daran ändert nichts, dass auch ein paar Israeliten zur Gemeinde gehören. Da sagen ja die A- und *Postmilleniaristen*, die eine Ersatztheologie haben, für Israel habe sich das ja erfüllt, denn es kommen doch immer mehr Israeliten zum Glauben. Das Argument greift aber ins Leere. Die Berufung gilt nicht nur ein paar Israeliten, sondern dem Volk Israel als solchem und ganzem. Deshalb kann sich die Verheißung nicht an ein *paar* Israeliten erfüllen; völlig unabhängig davon, ob es viele oder wenige sind. Die Verheißung muss sich am Volk erfüllen, denn sie gilt dem Volk.

Eines ging mir in einer schlaflosen Stunde nachts auch noch durch dem Kopf: Wenn die Berufung Israels als Volk mit der Verwerfung des Messias aufgehört hätte und die Gemeinde vollständig an die Stelle Israels getreten wäre, dann wäre es vollkommen unnötig und geistlich sinnlos gewesen, dass Jerusalem durch die Römer zerstört und das Volk Israel aus dem verheißende Land vor fast 2000 Jahren vertrieben wurde. Das hat nur dann einen Sinn, wenn Gottes Weg mit diesem Volk durch Gericht und Gnade weiter geht. Nur für die Berufung Israels als Volk gehören Volk und Land untrennbar zusammen. Wenn die Geschichte Gottes mit seinem Volk sich in die Gemeinde hinein vollständig erfüllen würde und die Berufung Israels damit als Volk überholt wäre, hätten die Juden nach der Ablehnung des Messias im verheißenen Land bleiben können. Das wäre geistlich überhaupt kein Problem gewesen, weil sich diese ganze Kategorie in nichts aufgelöst hätte – wenn das mit der Ersatztheologie stimmen würde. Aber warum mussten die vertrieben werden, so wie es Jesus ja auch vorhergesagt hatte? Weil die Vertreibung zum Gericht Gottes über sein abtrünniges Volk gehört! Das heißt, wir sehen auch im Gericht über Israel, dass der Weg Gottes und die Berufung Gottes mit diesem Volk weitergehen. In Fluch und Segen sehen wir den Zusammenhang von Volk und Land. Volk und Land sind ja für Israel eine geistliche Gleichung. Lebt das Volk in Vertrauen auf Gott und gehorcht seinen Geboten, dann lebt es im Land der Verheißung unter dem Segen Gottes. Dient das Volk aber anderen Göttern, dann wirft Gott es aus seinem Land hinaus und es lebt unter dem Gericht Gottes. Volk im Land steht für Segen; Volk außerhalb des Landes steht für Fluch.

Wenn wir diesen eindeutigen biblischen Zusammenhang von Volk und Land als geistliche Gleichung begriffen haben, dann erkennen wir es auch als etwas ganz Gigantisches, dass Israel anfing, in das Land der Väter zurückzukehren. Nun steht Israel zwar immer noch unter Fluch und Gericht, aber Gott hat angefangen, sein Volk im Land der Verheißung und des Segens zu sammeln, um den kommenden Segen vorzubereiten. Auch dazu ein Beispiel: Wenn Herrchen oder Frauchen die Hundeleine vom Garderobenhaken nimmt, dann fängt der Waldi vor Begeisterung an, mit dem Schwanz zu wackeln, dass es den Kerl fast von den Beinen reißt. Obwohl Frauchen oder Herrchen erst noch die Schuhe und einen Mantel anziehen, den Autoschlüssel holen muss und vielleicht müssen beide noch ein Stück hinaus aufs Land oder aufs Feld, an den Waldrand fahren, bevor der Spaziergang wirklich beginnt, aber in dem Moment, in dem der Karabinerhaken der Leine an der Garderobe klappert, weiß Waldi: Jetzt geht es los! Und die Begeisterung sprießt ihm aus allen Haarspitzen.

Spätestens als 1948 der Staat Israel ausgerufen wurde, wussten Christen, die von der bleibenden Berufung Israels überzeugt sind: Jetzt geht es los! Es können noch Jahre oder Jahrzehnte vergehen, bis es soweit ist, aber die Vorbereitungen haben sichtbar begonnen. Die „Hundeleine" ist vom Garderobenhaken genommen. Da ist etwas passiert. Und das gilt ja übrigens nicht nur für Israel, sondern für die gesamte Menschheit. Mir ist auch noch einmal sehr bewusst geworden, dass die ursprüngliche Berufung, der ursprüngliche Schöpferwille Gottes mit der Menschheit auf dieser Erde zur Erfüllung kommen muss. Wenn wir da nur auf Israel schauen, dann schauen wir zu kurz. Nicht nur Israel hat bis heute nie das Ziel erreicht, wozu Gott es berufen hat; das gilt auch für die ganze Menschheit. Israel ist ja immer nur Modell. Gott hat diese Erde und als Kernpunkt dafür den Garten Eden geschaffen, damit der Mensch in Gemeinschaft mit ihm lebt. Dieses Ziel haben wohl einzelne Menschen, aber nie die Menschheit als repräsentatives Ganzes erreicht. Damit hat aber auch diese Erde nie die Aufgabe erfüllt, für die Gott sie geschaffen hat. Sie soll nämlich der Ort sein, auf dem die Menschen in Gemeinschaft mit Gott, in Ruhe und Frieden, unter sprichwörtlich paradiesischen Zuständen leben. Adam und Eva haben das ja ganz schnell und total versaubeutelt. Sie hatten noch nicht einmal ihr erstes Kind, als sie schon hochkant aus dem Garten Eden rausgeflogen sind. Aber Gott lässt sich doch seinen Plan mit seiner Menschheit und seiner Erde nicht innerhalb kürzester Zeit von Satan komplett und endgültig zerstören. Deshalb muss auch das 1000-jährige Reich sein, damit nicht nur Israel, sondern auch die Menschheit und die gesamte Schöpfung Gottes auf dieser Erde zur Erfüllung dessen kommt, wozu Gott sie geschaffen hat.

Nochmal. Israel ist kein Sonderfall, sondern Israel ist der Modellfall. Wer allerdings das Modell nicht kapiert, der kapiert auch den ganzen Fall nicht. Israel ist der „Wetterfrosch" Gottes, im Wetterglas der Menschheitsgeschichte. An Israel zeigt Gott der ganzen Menschheit, wie die Sache funktioniert, oder eben auch nicht. Wenn der Wetterfrosch im Glas nach oben steigt, dem allmächtigen Gott und der Gemeinschaft entgegen, dann scheint die Sonne. Steigt er aber hinab in die Tiefen des Menschseins und in die Herrschaft Satans, gibt es Blitz, Donner und Hagelschlag.

Interessanterweise sehen das im Grundsatz auch die A- und *Postmillenaristen* so. Daher leugnen sie das 1000-jährige Reich auch nicht ganz, sondern meinen, es wäre heute schon Wirklichkeit. Der Ausleger Kim *Riddlebarger* schreibt zum Amillennialismus: *„Kernpunkt ist die gegenwärtige Herrschaft Jesu Christi."* Das ist sicher nicht falsch, aber halt auch nicht ganz richtig, denn man darf nicht übersehen, dass auch nach der Himmelfahrt Jesu Satan der Gott und Fürst dieser Welt ist; mit allen Konsequenzen, wie es 2. Korinther 4,4 schreibt. Allein schon an dieser einen Frage scheitern A- und Postmillennialismus auf der ganzen Linie. Dass Satan in den letzten 2000 Jahren nicht gebunden ist, wie sie behaupten, zeigt die schlichte Realität. Ich brauche nur einmal am Tag den Fernseher einzuschalten oder fünf Minuten Zeitung zu lesen, ich sag es mal so salopp: Dann weiß ich, dass Satan definitiv nicht gebunden ist. Deshalb müssen die entsprechenden Theologen hier auch deutlich rumeiern. So meint Samuel E. Waldron, dass Satan gebunden sei, aber nicht auf eine solche Weise, dass er nicht als brüllender Löwe umhergehen könne. Als ich das gelesen habe, wusste ich nicht, ob ich einen Lach- oder doch eher einen theologischen Heulkrampf kriegen soll. Was gebunden ist, das geht nicht mehr umher; und schon gar nicht mehr wie ein brüllender Löwe. Der würde allenfalls mit klirrenden Fesseln in Minischrittchen trippeln, so wie wir das aus dem Film kennen, wenn die gefährlichen Gefangenen an Händen und Füßen mit Ketten gebunden sind und dann in den Gerichtssaal reingetappelt kommen; mehr geht da nicht. Selbst das kann Satan auf dieser Erde nicht mehr, wenn er gebunden ist, denn er ist, nach eindeutiger und unmissverständlicher Aussage des Wortes Gottes, im Abyssos weggesperrt. Da ist der Deckel drauf und zu. Der kann auf dieser Erde, in dieser Zeit kein Unheil mehr anrichten.

Von diesem Wegsperren Satans redet auch schon Jesaja 24,21f: ***„Und es wird geschehen an jenem Tag*** (das ist im Alten Testament fast ausnahmslos der Tag des Herrn), ***da wird der HERR das Heer aus der Höhe in der Höhe heimsuchen, das ist Satan und seine gefallenen Engel und sie werden eingesperrt, wie man Gefangene in die Grube einsperrt und im Kerker werden sie eingeschlossen,*** (und interessanter Weise kommt noch ein Zusatz) ***aber nach vielen Jahren werden sie heimgesucht werden."*** Der große Ausleger von Jesaja, Franz *Delitzsch,* sieht in der Heimsuchung ***„nach vielen Jahren"*** eine inhaltliche Entsprechung zur Freilassung Satans nach dem 1000-jährigen Reich; genauso wie es uns die Offenbarung sagt. Auch das 1000-jährige Reich haben wir ebenfalls in Jesaja 24,23: ***„Denn der Herr der Heerscharen herrscht dann als König auf dem Berg Zion und in Jerusalem und vor seinen Ältesten."*** Also es ist schon interessant, *Delitzsch* sieht das ganz genauso. Wir haben eins zu eins in Jesaja 24 die Entsprechung zu dem, was auch die Offenbarung sagt.

Interessant ist auch im Blick auf den Abyssos, dass auch das Tier aus Offenbarung 13,7 und 17,8 aus diesem Abgrund gekommen ist. Das könnte mit der tödlichen Wunde zu tun haben, aber darauf kommen wir in der Zukunft noch einmal zurück. Nach Offenbarung 17,8 ***„war*** (das Tier bzw. ist gewesenes) ***und ist nicht mehr, und es wird aus dem Abgrund heraufkommen."*** Wir sehen daran auch, dass wir es beim Antichristen nicht mit einer unpersönlichen Macht, sondern mit einem konkreten, personhaften Wesen zu tun haben. Weil nun die A- und Postmilleniaristen allerdings das 1000-jährige Reich als etwas zukünftiges nicht sehen wollen, wissen sie auch nicht so richtig, ob das 1000-jährige Reich nun wirklich ein goldenes Zeitalter ist oder eben doch im Wesentlichen eine Trübsalszeit. Der schon erwähnte Riddleberger schreibt darüber: *„Wobei diese Trübsalszeit im Amillennialismus als die gesamte Kirchengeschichte verstanden wird"*, also die gesamte Zeit zwischen dem ersten und zweiten Kommen Jesu. Ups, habe ich gedacht, als ich das gelesen habe, jetzt versteht er das 1000-jährige Reich als Trübsalszeit. Wie aber soll eine Zeit, in der Satan gebunden ist und Christus regiert, eine Trübsalszeit sein? Der Widerspruch ist hier offenkundig. Wenn wir dann noch die alttestamentlichen Prophezeiungen über die Wiederherstellung Israels lesen, die überschäumende Freude über den Frieden und die paradiesischen Zustände, wo der Löwe und der Ochse friedlich auf der Wiese liegen, das Kind unbesorgt am Loch der Schlange spielt usw. - wenn wir das vergleichen mit der Realität der letzten 2000 Jahre, dann ist mir absolut schleierhaft, wie auch nur ein einziger Mensch auf dieser Erde auf die Idee kommen kann, dass die Wirklichkeit der letzten 2000 Jahre die Erfüllung dieser grandiosen Verheißungen sein könnte. Im Blick auf die bleibende Erwählung Israels und das kommende 1000-jährige Reich nach der Wiederkunft Jesu, kann ich bei allem Bemühen und Verständnis keine überzeugenden Argumente dafür finden. Ich kann bei bestem Willen keine Argumente für jene erkennen, die sagen, das 1000-jährige Reich ist schon da oder die Gemeinde ist an die Stelle Israels getreten - im Gegenteil.

Kirchengeschichtlich kann ich verstehen, dass der Amillennialismus seit der konstantinischen Wende in der Kirche sehr populär wurde und der Prämillennialismus als unbotmäßig empfunden wurde. Nun war ja nach Konstantin die Zeit der Verfolgung vorbei, die Kirche war zur Staatskirche geworden und als diese zu Macht und Ehre gekommen. Der Papst verstand sich als Stellvertreter Christi. Das passt wunderbar: Königsherrschaft Christi auf dieser Erde und der Papst als sein Stellvertreter, der für Christus die Herrschaft auf der Erde ausübt. Das ging dann soweit, da alle Obrigkeit nach Römer 13 von Gott kommt, dass allein der Papst sich berechtigt sah als Stellvertreter Christi auf dieser Erde die weltliche Obrigkeit in ihr Amt einzuführen und Könige und Kaiser zu krönen. Als Widerspruch gegen diesen Anspruch hat Napoleon sich demonstrativ selbst die Krone aufgesetzt und ist aus diesem Anspruch herausgetreten.

Die Lehre von einer Kirche, die in Elend und Not unter der Herrschaft des Bösen lebt, war in solchen Zeiten logischerweise nicht populär. Noch weniger die Vorstellung von einer Kirche, die vom Herrn abfällt, an deren Händen das Blut von Millionen und Abermillionen Märtyrern klebt und die am Ende gemeinsame Sache mit dem Antichristen macht. Deshalb ist auch nicht schwer verständlich, dass in den Anfangsjahrhunderten der Verfolgung die Offenbarung das Trostbuch der Christenheit war, während dann ab der konstantinischen Wende die Offenbarung in der Besenkammer der Theologen verschwunden ist. Die wussten nichts mehr damit anzufangen, denn jetzt, da man in Glanz und Gloria in einer abgefallenen, an die Welt angepassten Kirche lebte, da hat die Offenbarung nur gestört. Dass im Gegenzug der Prämillennialismus in einer Zeit wieder populärer wurde, in der man den Schaden der Kirche zunächst durch die Reformation (und auch schon vorher und dann auch im Pietismus immer deutlicher) wahrnahm und von der offiziellen Kirche verfolgt und bedrängt wurde, da hat man logischerweise auch wieder eine andere Sicht der Dinge entwickelt.

Der Postmillennialismus ist vorwiegend eine Sache der Schwärmer, die meinen, sie könnten das Reich Gottes auf dieser Erde bauen. Diese Form bricht sich in den letzten Jahren ganz massiv bahn. Der Postmillennialismus ist im Zug der charismatischen und auch der liberal bibelkritischen Schwärmerei, im Rahmen der sogenannten Transformationslehre, schwer im Kommen. Transformation war vor 10-15 Jahren in der Charismatik ein ganz großer Begriff und hat dann auch auf die Emerging Church-Bewegung als liberal bibelkritische Variante übergegriffen. Da meint man, dass ganze Völker, Staaten, Kontinente geistlich transformiert werden könnten; wobei man da meistens, um sich selber einzureden, man wäre diesem Ziel nahe, die geistlichen Ansprüche immer weiter runter schraubt, bis man sie schließlich metertief im Boden vergraben hat, und dann gehören schlussendlich alle Menschen guten Willens auch mit zum Reich Gottes dazu.

Wichtig ist auch, wer behauptet, wir leben heute schon im 1000-jährigen Reich, der muss auch die Unterscheidung zwischen der ersten und zweiten Auferstehung leugnen; bzw. er behauptet, die erste Auferstehung geschehe bei der Bekehrung. Das kann natürlich nicht zutreffen, denn mit der Auferstehung ist die Auferstehung des Leibes gemeint und nicht das geistliche Durchdringen vom Tod zum Leben. Wir sehen hier aber, ganz typisch für den Amillennialismus ist, dass bei allen möglichen Begriffen und Vorgängen alles auf die rein geistliche Ebene verkürzt wird und die übrigen äußeren Realitäten weitgehend aus dem Blick geraten. So gerät beispielsweise bei Israel die völkische Dimension aus dem Blick, bei der Auferstehung die leibliche Auferstehung. Beide Fehler liegen ganz nah beieinander, wie auch bei der Behauptung, das 1000-jährige Reich wäre heute schon. Auch da wird ja wieder die geistliche Dimension überbetont und die brutale Realität des Bösen, die seit 2000 Jahren hier auf dieser Erde ihr Unwesen treibt, im Grunde marginalisiert. Die Realität wird praktisch für unbedeutend erklärt. Wer sagt, wir leben hier die letzten Jahre oder Jahrzehnte schon im 1000-jährigen Reich, wo doch überall Krieg, Terror, Not und Elend herrschen, kommunistische, sozialistische oder islamische Verfolgung in der Christenheit Realität sind, der nimmt irgendwie die Wirklichkeit nicht wahr. Da wird irgendwo eine geistliche Ebene gesehen, auf der allein der Fokus liegt, und der Rest ist nicht mehr im Blick. Wir sehen hier sehr deutlich einen Grundfehler des Amillennialismus. Die positive geistliche Wirklichkeit, in der wir ja tatsächlich in Jesus leben, wird geistlich so überhöht, dass die äußere, leibliche und irdische Wirklichkeit, in der wir ja real auch noch leben, nicht mehr wirklich wahr und ernst genommen wird. Außerdem betont, im Blick auf die Auferstehung, Offenbarung 20,5-6: ***„Die Übrigen der Toten aber wurden nicht wieder lebendig, bis die 1000 Jahre vollendet waren. Dies ist die erste Auferstehung*** (Jesu). ***Glückselig und heilig ist, wer Anteil hat an der ersten Auferstehung! Über diese hat der zweite Tod keine Macht, sondern sie werden Priester Gottes und des Christus sein und mit ihm regieren 1000 Jahre."***

Wir haben hier eine detaillierte Aussage, die messerscharf zwischen der ersten und zweiten Auferstehung scheidet und unmissverständlich sagt sie, dazwischen liegen 1000 Jahre. Hinweise auf diese erste Auferstehung finden wir auch in Lukas 14,14. Da sagt Jesus: ***„Es wird dir vergolten werden bei der Auferstehung der Gerechten."*** Da unterscheidet Jesus die Auferstehung der Gerechten, der Gläubigen, von einer Auferstehung der Ungerechten, der Ungläubigen. Auch sehr deutlich sagt es Paulus in 1. Korinther 15,22-26: „D***enn gleichwie in Adam alle sterben, so werden auch in Christus alle lebendig gemacht werden. Ein jeder aber in seiner Ordnung*** (das heißt auch in seiner Reihenfolge). ***Als Erstling Christus; danach die, welche Christus angehören, bei seiner Wiederkunft*** (Damit wird aber auch klar gesagt: Der Rest, der Christus nicht angehört, wird bei seiner Wiederkunft nicht auferweckt); ***danach das Ende*** (und das ist ein langer Zeitraum, wie wir gleich sehen werden), ***wenn er das Reich Gott, dem Vater, übergeben wird, wenn er jede Herrschaft, Gewalt und Macht beseitigt hat. Denn er muss herrschen*** (gemeint ist Christus), ***bis er alle***

Feinde unter seine Füße gelegt hat. Als letzter Feind wird der Tod beseitigt." Wir hatten gerade Jesaja 24, der messerscharf mit der Offenbarung übereinstimmt, und nun haben wir ebenso messerscharf Paulus mit 1. Korinther 15 gehört. Als letzter Feind wird der Tod besiegt: Das lesen wir in Offenbarung 21,14! Erst wenn der Tod auch dem feurigen Pfuhl überantwortet ist, *dann* hat Jesus jede Gewalt, jede Macht und jede Herrschaft beseitigt und *dann* erst, nach dem 1000-jährigen Reich, übergibt er das Reich dem Vater, der dann den neuen Himmel und die neue Erde schafft. Wir haben also mehrere ganz klare, biblische Zeugnisse, die exakt dasselbe bestätigen.

Fassen wir zusammen: Für uns kommt alles darauf an, dass wir bei der *ersten* Auferstehung dabei sind - vor Beginn des 1000-jährigen Reiches - und die könnte schon sehr nahe bevorstehen. Vor unseren Augen nimmt das antichristliche Reich des menschenverachtenden Bösen immer deutlichere Gestalt an. Damit ist aber auch der Tag der Entrückung nahe. Sind wir bereit, wenn Jesus wiederkommt, um die Seinen zu sich zu holen? Die Wohnungen im Haus des Vaters sind vorbereitet. Weiß ich, dass auch für mich eine dabei ist? Habe ich das Heil in Jesu Namen ganz persönlich für mich angenommen? Weiß ich, dass mein Name im Buch des Lebens geschrieben steht? Nicht, weil ich es verdient hätte, sondern ganz aus Gnade. Es ist enorm wichtig, dass jeder von uns das weiß. Amen.

Teil 7

Jesaja 65,17-25:
„Denn siehe, ich schaffe einen neuen Himmel und eine neue Erde, so dass man an die frühere nicht mehr gedenkt und sie nicht mehr in den Sinn kommen werden, sondern ihr sollt euch allezeit freuen und frohlocken über das, was ich erschaffe. Denn siehe, ich erschaffe Jerusalem zum Jubel und sein Volk zur Freude. Und ich selbst werde frohlocken über Jerusalem und mich freuen über mein Volk und es soll kein Klagelaut und kein Wehgeschrei mehr darin vernommen werden. Es soll dann nicht mehr Kinder geben, die nur ein paar Tage leben, noch Alte die ihre Jahre nicht erfüllen, sondern wer 100-jährig stirbt, wird noch als junger Mann gelten und wer nur 100 Jahre alt wird, soll als ein vom Fluch getroffener Sünder gelten. Sie werden Häuser bauen und sie auch bewohnen, Weinberge pflanzen und auch deren Früchte genießen. Sie werden nicht bauen, damit ein anderer es bewohnt, und nicht pflanzen, damit es ein anderer isst, denn gleich dem Alter der Bäume wird das Alter meines Volkes sein und was ihre Hände erarbeitet haben, werden meine Auserwählten auch verbrauchen. Sie werden sich nicht vergeblich mühen und nicht Kinder für einen jähen Tod zeugen, denn sie sind der Same der Gesegneten des Herrn und ihre Sprösslinge mit ihnen. Und es wird geschehen, ehe sie rufen, will ich antworten, während sie noch reden, will ich sie erhören. Wolf und Lamm werden einträchtig weiden und der Löwe wird Stroh fressen wie das Rind und die Schlange wird sich vom Staub nähren, sie werden nicht Schaden noch Verderben anrichten auf meinem ganzen heiligen Berg, spricht der Herr."

Leben wie im Paradies

Im letzten Teil haben wir uns einerseits noch einmal mit der Erwählung Israels befasst, vor allem aber mit dem 1000-jährigen Reich, da allerdings fast nur mit der Frage, ob es noch kommt oder jetzt schon da ist, wie so manche behaupten. Weil das so grundlegende Fragen sind, auch für alle weiteren Themen der Endzeit, werden wir das heute noch etwas vertiefen. Dazu haben wir gerade als Worte Gottes Jesaja 65 gelesen. Nun ist die Frage: Redet dieser Abschnitt aber tatsächlich vom 1000-jährigen Reich oder redet er vom neuen Himmel und der neuen Erde? Wenn wir nur den ersten Vers dieses Abschnitts nehmen, dann müssten wir tatsächlich davon ausgehen, dass hier vom neuen Himmel und der neuen Erde die Rede ist und nicht vom 1000-jährigen Reich. Allerdings ist es eben so, dass Gottes Wort oft in einem Satz und in einer Aussage Ereignisse zusammenfasst, die tausende von Jahren auseinanderliegen können. Es macht einen ganz fundamentalen Unterschied in der Auslegung der verschiedenen Deutungen, ob man das dann auch entsprechend so sieht und wertet oder nicht. Das Alte Testament zieht so an vielen Stellen das erste und zweite Kommen Jesu zusammen, obwohl mindestens 2000 Jahre dazwischen liegen. So sieht Jesaja hier den neuen Himmel und die neue Erde zusammen mit dem 1000-jährigen Reich. Der Herr eröffnet diesen Abschnitt mit dem Hinweis auf den neuen Himmel und die neue Erde und schlägt dann in den folgenden Versen den Boden zum 1000-jährigen Reich. Es lässt sich meines Erachtens eindeutig anhand Gottes Wortes selbst nachweisen, dass hier definitiv und auf gar keinen Fall vom neuen Himmel und der neuen Erde die Rede sein kann, sondern von etwas anderem die Rede sein muss. Gott redet hier absolut eindeutig von einer Zeit, wie wir sie seit der Vertreibung von Adam und Eva aus dem Garten Eden bis heute nicht hatten, und von einer Zeit, die unter ganz anderen Rahmenbedingungen, wie wir sie heute haben, noch kommen muss. Warum kann dabei nicht vom neuen Himmel und der neuen Erde die Rede sein? Ganz einfach: Erstens gibt es im neuen Himmel und auf der neuen Erde keinen Tod mehr. Zweitens gibt es dort ganz definitiv keine Sünde mehr, auch nicht die allerkleinste. Gemäß Offenbarung 21,1f werden, bevor der neue Himmel und die neue Erde geschaffen werden, sowohl Satan als auch der Tod und der Hades in den feurigen Pfuhl geworfen. Das darf man nicht mit dem Abyssos verwechseln, in dem Satan *während* des 1000-jährigen Reichs weggesperrt ist. Wir können der Bibel klar entnehmen, dass der Abyssos ein vorläufiger und kein endgültiger Aufenthaltsort ist. Dort wird Satan mit den gefallenen Engeln und Dämonen und zwischenzeitlich auch mal der Antichrist vorübergehend eingesperrt, bis sie erneut freigelassen werden. Der feurige Pfuhl dagegen ist der Ort ewigen Verderbens; von da kommt keiner wieder raus. Außerdem dürfte es gemäß der Aussage Jesu in Matthäus 22,30 im Himmel keine Ehen und auch keine Zeugung von Kindern mehr geben. ***„Denn in der Auferstehung heiraten sie nicht noch werden sie verheiratet, sondern sie sind wie die Engel Gottes im Himmel."*** Wir sehen nun aber in Jesaja 65,17f, dass es hier noch Geburt, Tod und Sünde gibt. So sagt Vers 20: ***„Und es sollte nicht mehr Kinder geben, die nur ein paar Tage leben, noch Alte, die ihre Jahre nicht erfüllen, sondern wer hundertjährig stirbt*** (es wird in dieser Zeit also unmissverständlich noch gestorben), ***wird noch als junger Mann gelten, und wer nur 100 Jahre alt wird, soll als vom Fluch getroffener Sünder gelten."*** Folglich gibt es also auch noch Fluch, Sünde, Gericht und Tod. Weil Satan gebunden ist, sind diese Dinge zwar ganz stark zurückgedrängt, aber während für unsere Zeit gilt, ***„unser Leben währet 70 und wenn es hoch kommt 80 Jahre"***, gilt für diese Zeit, ***„wer mit 100 stirbt, wird noch als junger Mann gelten."***

Wir sehen, dass Sünde, Tod und Fluch noch da sind, und nach Vers 23 werden auch noch Kinder gezeugt. ***„Sie werden sich nicht vergeblich mühen und nicht Kinder für einen jähen Tod zeugen."*** Das heißt, wir haben eine ganze Reihe von Gründen, weshalb dieser Abschnitt niemals von der neuen Erde und dem neuem Himmel reden kann. Von welcher Zeit redet er dann? Ganz eindeutig kann dieser Abschnitt nur auf das 1000-jährige Reich gedeutet werden; mir ist keine andere Zeit bekannt, auf die man es sonst hindeuten könnte. Die Natur wird in fast paradiesischem Zustand sein, Wolf und Lamm werden einträchtig weiden, der Löwe wird Stroh fressen wie das Rind usw. Während bei den Plagen der großen Trübsal auch noch Tod und Verwüstung durch wilde Tiere droht, sind die jetzt zahm wie das sprichwörtliche Lamm. Die Fleischfresser werden Vegetarier sein wie ursprünglich auch Die Grünen. Sonstige Vegetarier und Veganer sollten sich unbedingt schon allein deshalb dem Herrn Jesus zuwenden, denn so ein vegetarisches Paradies werden sie ohne ihn auf dieser Erde nicht finden. Ganz ähnlich sagt es Gott ja auch in Jesaja 11 mit der Ankündigung des ersten Kommen Jesu voraus. Auch das ist wichtig zu sehen: Es ist keine Einzelstelle, die das so ausführt, sondern es gibt eine ganze Masse an Bibelstellen, die vom 1000-jährigen Reich reden. Auch wenn der Begriff nicht auftaucht, so doch der Sache nach.

Ganz parallel zu Jesaja 65 steht in Jesaja 11,1: ***„Und es wird ein Zweig hervorgehen aus dem Stumpf Isais."*** Eigentlich ein ganz klassischer Weihnachtstext. Ein Text, der auf den Messias hinweist. Tatsächlich redet Jesaja 11 dann nicht vom ersten, sondern vom zweiten Kommen Jesu und seiner Aufrichtung des 1000-jährigen Reichs. Er kommt dann als Richter und nicht als Heiland wie beim ersten Mal. Vers 3f: ***„Er wird nicht nach Augenschein richten, er wird die Erde mit dem Stab seines Mundes schlagen und den gesetzlosen mit dem Hauch seiner Lippen töten."*** Das hat er beim ersten Mal alles nicht gemacht. Dann geht es in den Versen 6-9 ganz entsprechend zu Jesaja 65 weiter: ***„Da wird der Wolf bei dem Lämmlein wohnen und der Leopard wird sich beim Böcklein niederlegen, das Kalb, der junge Löwe und das Mastvieh beieinander sein und ein kleiner Knabe wird sie treiben."*** Der kleine Bub treibt den Löwen, der normalerweise einmal „schnapp!" macht und es wäre um den Kerl geschehen. ***„Die Kuh und die Bärin werden miteinander weiden und ihre Jungen zusammen lagern und der Löwe wird Stroh fressen wie das Rind*** (also eine exakte Parallele zu Jesaja 65), ***der Säugling wird spielen am Schlupfloch der Natter und der Entwöhnte seine Hand nach der Höhle der Otter ausstrecken. Sie werden nichts Böses tun noch verderbt handeln, auf dem ganzen Berg meines Heiligtums, denn die Erde***

wird erfüllt sein von der Erkenntnis des Herrn wie die Wasser den Meeresgrund bedecken."

Wieder ist wie in Jesaja 65 die Rede vom ***„ganzen Berg meines Heiligtums"*** bzw. von ***„meinem ganzen heiligen Berg."*** Damit ist ganz klar, dass Jesaja 65 und Jesaja 11 vom selben Ereignis am selben Ort reden; der heilige Berg ist der Berg Zion in Jerusalem. Dieses Geschehen wird eindeutig in der Endzeit verortet; in der Zeit, wenn der Herr sein Volk erneut sammelt. Jesaja 11,11f: ***„Und es wird geschehen an jenem Tag*** (*jener Tag* ist in der Bibel immer der Tag des Herrn in der Endzeit)***, da wird der Herr noch einmal seine Hand erheben, um den Rest seines Volkes, der übrig bleibt, loszukaufen aus Assur und Ägypten, aus Patros und Kusch, aus Elam, Schinar und Hamat und von den Inseln des Meeres. Und er wird den Nationen ein Feldzeichen aufrichten und die Vertriebenen Israels zusammenbringen, und die Verstreuten Judas wird er sammeln von den vier Enden der Erde."*** „Jener Tag", an dem alles geschieht, der Tag des Herrn, darf jedoch nicht irrtümlich auf einen einzigen 24-Stunden-Tag reduziert werden, sondern er umfasst etliche Jahre, in denen der Herr sein Volk sammelt, die endzeitliche Erde mit seinen Gerichten heimsucht und schließlich selbst kommt, um sein Reich hier aufzurichten. Unzählige andere prophetische Worte des Alten Testaments reden von *jenem Tag*. Etwa Sacharja 9,10: ***„Und er wird den Völkern Frieden gebieten und seine Herrschaft wird reichen von einem Meer zum anderen und vom Strom bis an die Enden der Erde."*** Auch hier ist eindeutig von einem Reich auf dieser Erde die Rede.

In einer früheren Gemeinde hatte ich zwei ganz hochintelligente Männer im Bruderrat sitzen, die beide nicht vom zukünftigem Kommen des 1000-jährigen Reichs überzeugt waren. Damals habe ich noch Predigtreihen aus dem Alten Testament mit vielen Jesaja-Texten gehalten und ich musste den Brüdern sagen: Leute, ich kann nur das predigen, was ich in der Bibel sehe, und wenn ich den Jesaja nehme, da springt mir das 1000-jährige Reich auf fast jeder Seite und fast jedem Kapitel ins Gesicht; wie auch bei ganz vielen anderen Prophetien des Alten Testaments. Für diese Zeit gilt auch die oft missbrauchte Aufforderung: *Schwerter zu Pflugscharen*. Das sind die am meisten und total aus dem Zusammenhang gerissenen, sinnentstellten Worte der Bibel, denn das gilt für das 1000-jährige Reich und nicht für heute. Für heute sagt die Bibel an anderer Stelle: „Schmiedet aus euren Pflugscharen Schwerter." Das Gegenteil gilt also heute. Darauf bin ich in der Predigt „Dürfen sich Christen wehren?" eingegangen.

Jesaja 2,2f: „Und es wird geschehen am Ende der Tage, da wird der Berg des Hauses des Herrn (Zion) ***wieder feststehen als Haupt der Berge*** (also über alle Völker)***, erhaben sein über die Hügel und alle Nationen werden zu ihm strömen und viele Völker werden hingehen und sagen „Kommt, lasst uns hinaufziehen zum Haus des Gottes Jakobs, damit er uns belehre und wir auf seinen Pfaden wandeln." Denn von Zion wird das Gesetz ausgehen und das Wort des Herrn von Jerusalem, so dass sie ihre Schwerter zu Pflugscharen schmieden werden und ihre Speere zu Rebmessern und kein Volk wird gegen das andere das Schwert erheben und sie werden den Krieg nicht mehr kennen."*** An diesem Tag, wenn der Herr sichtbar wiederkommt, nun der Tag im engsten Sinne, kommt auch der Rest Israels zum Glauben. Er wird mitten im Kriegsgetümmel wieder kommen. Jesaja 66,6-9: ***„Schall eines Getöses von der Stadt her! Schall aus dem Tempel! Schall vom HERRN, der Vergeltung übt an seinen Feinden! Ehe sie Wehen hatte, hat sie geboren; (...) Wird ein Land an einem einzigen Tag zur Welt gebracht oder eine Nation mit einem Mal geboren? Denn Zion bekam Wehen und gebar auch schon seine Söhne."*** Soweit nochmal zum Stichwort „Leben wie im Paradies! Wie wird es da sein?" Es kann eben nur das 1000-jährige Reich sein, weil es keine andere Zeit vorher und nachher gibt, auf die diese Beschreibungen der Bibel passen.

Wer wird dabei sein?

Damit sind wir bei der spannenden Frage: Wer wird dann dabei sein, bei diesem „leben wie im Paradies" im 1000-jährigen Reich. Ich habe ja bereits gesagt, es gibt Details, bei denen es verschiedene Deutungsmöglichkeiten gibt; da wird es schon etwas spannender, da ist nicht immer alles zu 100 Prozent klar. Als erste Gruppe, die sicher als Überlebende ins 1000-jährige Reich hinein kommt, können wir die 144.000 aus der Offenbarung 7 und 14 festhalten. Das sind je 12.000 aus jedem der Stämme Israels. Sie werden nach Offenbarung 7 an ihren Stirnen versiegelt, bevor die vier Engel, denen es gegeben war, der Erde und dem Meer Schaden zuzufügen, loslegen dürfen. Es ist also auch vom Zusammenhang her eindeutig. Die Versiegelung dient dazu, diese 144.000 vor den nun folgenden Gerichten Gottes zu schützen. Wir können hier etwa an das Blut denken, das die Israeliten vor der zehnten Plage über Ägypten an ihre Türpfosten streichen sollten, damit der Engel Gottes vorübergeht. Die 144.000 sind also unzweifelhaft Auserwählte aus allen zwölf Stämmen Israels. Häufig wird auf die weltweite Zerstreuung der zehn Nordstämme im 8. Jahrhundert vor Christus hingewiesen und dann gesagt: „Ja aber die haben sich doch längst mit den Nationen vermischt. Aus diesem ganzen Nationengewirr findet die doch kein Mensch wieder heraus." Ich hatte in einer früheren Predigt auch schon darauf hingewiesen, dass es ernsthafte Indizien dafür gibt, dass zumindest Teile dieser Nordstämme nach Europa gewandert sind und von dort später nach Amerika und in andere Teile der Welt weiterzogen. Mindestens ein Teil der weißen Bevölkerung Europas, Amerikas und anderer Teile der Welt dürften also Nachkommen dieser zehn Nordstämme sein. Wir können es getrost Gott überlassen, wie er im Gemisch der Völker die Angehörigen seines Volkes wiederfindet. Es ist ähnlich wie die Jungfrauengeburt, eine Frage nach „Glauben wir an Gott oder glauben wir nicht an Gott?" Ja eigentlich fast eine kindische Frage; was für einen Gott hätten wir, wenn er die Seinen nicht wieder finden würde unter egal wie viel Milliarden Menschen.

Häufig wird diesen 144.000 ein evangelistischer Dienst in der Zeit der großen Trübsal zugemessen. Ich stimme da aber ganz mit John Walworth überein, wonach es dafür in der Bibel nicht den geringsten Hinweis gibt; zumindest nicht in der Offenbarung. Es geht ausschließlich um Bewahrung. Da kann ich Arnold Fruchtenbaum und anderen Auslegern bis zum Erweis des Gegenteils nicht folgen, die durch diese 144.000 angeblichen Evangelisten eine weltweite Erweckung während der großen Trübsal herbeigeführt sehen. Die Offenbarung selbst gibt nicht das allergeringste Indiz dafür.

In Offenbarung 14,4 wird allerdings über diese 144.000 gesagt: ***„Diese sind aus den Menschen erkauft als Erstlinge für Gott und das Lamm."*** Sie dürften insofern Erstlinge sein, als dass der überlebende Rest der zwölf Stämme Israels dann im Glauben nachfolgt, wenn Christus sichtbar wiederkommt. Davon spricht Jesaja 66,7f, was wir schon gehört haben, und Sacharja 12,10f. Dieses ganze Kapitel 12 redet von jenem Tag, an dem der Herr Jerusalem zum Taumelbecher und Laststein für die Völker machen wird. ***„An jenem Tag wird der Herr über das Haus David und über die Einwohner von Jerusalem den Geist der Gnade und des Gebets ausgießen und sie werden auf mich sehen, den sie durchstochen haben; sie werden klagen, wie man klagt um den eingeborenen Sohn."*** In Sacharja 13 lesen wir weiter: ***„Und an jenem Tag wird für das Haus David und für die Einwohner von Jerusalem ein Quell eröffnet sein gegen Sünde und Unreinheit."*** Nicht nur der Teufel wird im Abyssos weggesperrt sein, sondern es kommen noch zusätzliche Kraft und Geistesfülle gegen Sünde und Unreinheit von Gott.

Die erste wichtige Gruppe von Menschen, die also lebend von der großen Trübsal in das 1000-jährige Reich in irdischer Gestalt hinüber gehen, sind also die 144.000 Versiegelten aus den zwölf Stämmen Israels und der Rest Israels, der die furchtbaren Zorngerichte des Lammes über die Welt erlebt hat und zum Glauben kommt, wenn Christus sichtbar wiederkommt. Nach Sacharja 13,8f dürfte dies ein Drittel von den zwölf Stämmen Israels sein. Zwei Drittel kommen demnach in den Gerichten Gottes um.Wenn sich Sacharja 8f auf alle Nachkommen Israels weltweit bezieht, könnte das durchaus eine noch erheblichere Zahl sein. Wie schon gesagt, könnte ein nicht geringer Teil der weltweiten weißen Bevölkerung zu den Nachkommen der zwölf Stämme Israels zählen. Diese Gruppe können wir mit Gewissheit zu den irdischen Bewohnern des 1000-jährigen Reiches rechnen. Darüber hinaus wird es dann schon spannender und schwieriger. Es müssen ganz eindeutig auch aus den Heidenvölkern Menschen in irdischer Gestalt ins 1000-jährige Reich kommen, denn Sacharja 14,16 sagt: ***„Und es wird geschehen, dass alle Übriggebliebenen von all den Heidenvölkern, die gegen Jerusalem gezogen sind, Jahr für Jahr heraufkommen werden, um den König, den Herrn*** (Jahwe) ***der Heerscharen, anzubeten und das Laubhüttenfest zu feiern."*** Ganz am Rand erwähnt, ist dies auch eine der vielen, vielen Stellen, die die Identität des Sohnes mit dem Vater beschreiben. Dass hier in Jerusalem von Jesus die Rede ist, ist gar keine Frage, aber im Urtext steht „Jahwe der Heerscharen", das ist Jesus.

Es sind ja zuvor von allen Heidenvölkern Truppen gegen Jerusalem gezogen, aber bei weitem eben nicht alle Menschen von diesen Völkern. Da sind natürlich viele Ältere, Frauen, Kinder und sicher auch noch andere zu Hause geblieben. Die ausgezogenen Truppen wurden in der Begegnung mit dem wiederkommenden Herrn ausnahmslos vernichtet. Die Menschen, die zu Hause geblieben sind und die die endzeitlichen Zorngerichte Gottes bis dahin überlebt haben aber noch nicht. Von diesen Menschen bzw. ihren Nachkommen ist jetzt in Sacharja 14,16 die Rede; wobei wir auch wieder einmal sehen, dass wir den Begriff „alle" nicht wörtlich nehmen dürfen, denn der nächste Vers 17 sagt: ***„Das jenige von den Geschlechtern der Erde, das nicht nach Jerusalem hinaufzieht, um den König der Heerscharen anzubeten, über dieses wird kein Regen fallen."*** Es sollen zwar alle Nationen hinaufziehen und die große

Masse wird es auch tun, aber differenziert betrachtet wird es eben doch welche geben, die es nicht tun. Die wird Gott strafen, indem er ihnen keinen Regen schickt. Wieder haben wir eine präzise Bestätigung des vorhin schon Gesagten: Es wird im 1000-jährigen Reich noch Sünde geben; Menschen die sich weigern, dem Herrn die Ehre zu geben und zum Laubhüttenfest hinaufzuziehen; aber eben in stark verringertem Maß gegenüber heute.

Die schwierige Frage ist: Wer sind diese Übriggebliebenen aus den Heidenvölkern? Die Frage ist auch von daher nicht unwichtig, weil sich mit ihr unmittelbar die Frage nach dem Zeitpunkt der Entrückung verbindet. Das ist eines der spannenden Themen, auf das wir in einem der nächsten Teile noch zurück kommen werden. Zwei der mir meist gestellten Fragen in den letzten Wochen und Monaten sind: Erstens, „Wie sieht's mit der Spritze aus?" und zweitens: „Wie sieht's mit der Entrückung aus?" Das sind die beiden Dinge, die den Menschen unter den Nägeln brennen. Soweit ich es sehe, dürften nur Gläubige ins 1000-jährige Reich kommen. Erinnern wir uns an Jesaja 65,23: ***„Sie werden nicht Kinder für einen jähen Tod zeugen, denn sie sind der Same der Gesegneten des Herrn."*** Allerdings redet Gott an dieser Stelle möglicherweise nur von den Übriggebliebenen von Israel. Ich führe es ein bisschen weiter aus, damit wir sehen, es ist wirklich nicht ganz einfach; auch wenn es vielleicht anstrengend ist zu folgen. Es sind sehr komplexe Dinge, aber um der Wahrhaftigkeit willen müssen wir es differenziert darlegen.

Es ist immer die ganz spannende Frage: Wovon redet das Wort im Moment? Die nächste Frage ist: Wo ist Matthäus 13,40- 42 einzuordnen? Da sagt Jesus: ***„Gleichwie man das Unkraut ausjätet und mit Feuer verbrennt, so wird es sein am Ende dieser Weltzeit. Der Sohn des Menschen wird seine Engel aussenden und sie werden alle Ärgernisse und die Gesetzlosigkeit verüben, aus seinem Reich sammeln und werden sie in den Feuerofen werfen. "*** Da werden also eindeutig *alle* Gesetzlosen aus dem Reich ausgejätet. Ich vermute aber, dass dieses Gericht nach dem-1000 jährigen Reich geschieht, denn „diese Weltzeit" schließt ja das 1000-jährige Reich als dessen Vollendung mit ein. Es gibt nur, und da stimme ich auch Samuel Waldron zu, zwei grundsätzliche Heilszeiten: diese und die zukünftige. Die zukünftige Weltzeit ist, soweit ich das sehe, erst der neue Himmel und die neue Erde. Dafür spricht auch, dass die Gesetzlosen dann sofort in den Feuerofen geworfen werden, denn das geschieht erst in Zusammenhang mit dem großen Weltgericht aus Offenbarung 21,11-15. Bis dahin ist der Hades der Aufenthaltsort für die, die ohne Christus gestorben sind. Allerdings sagt der wiederkommende Herr in Matthäus 25,41: ***„Geht hinweg von mir, ihr Verfluchten, in das ewige Feuer, das dem Teufel und seinen Engeln bereitet ist."***

Matthäus 25,31f ist in vielfacher Hinsicht kein einfacher Abschnitt. Soweit ich sehe, und da stimme ich Fruchtenbaum zu, handelt es sich hier nicht um das große Weltgericht am Ende dieser Weltzeit, sondern um ein Gericht vor Beginn des 1000-jährigen Reichs an denen, die die große Trübsal auf der Erde überlebt haben. Es werden ausdrücklich *alle* Heidenvölker gerichtet. In diesem Zusammenhang ist nicht die Rede von Auferstehung und auch nicht von Büchern, nach denen gerichtet wird; das wären typische Kennzeichen des großen Weltgerichts. Die Heidenvölker werden nun vor den Thron Jesu zitiert und Maßstab dieses Gerichts ist nicht wie im Weltgericht die Frage, ob ihre Namen im Buch des Lebens geschrieben sind, sondern wie diese Menschen sich in der Zeit der großen Trübsal und Verfolgung der Gläubigen zum Volk Gottes, und damit zu Jesus selbst, gestellt haben. Ich habe über diesen Abschnitt am 15.11.2015 unter dem Thema „Die unglaubliche Würde der Kinder Gottes" gepredigt.[11] Auch hier entscheidet sich, um Missverständnissen vorzubeugen, das Heil an der persönlichen Stellung zu Jesus, aber man kann sagen, in einer sehr diffusen Art, denn diese Menschen kennen Jesus gar nicht. Das habe ich in jener Predigt genauer ausgeführt. Jesus sagt: „Ihr

[11] Predigt liegt als Audiodatei im Predigtarchiv vor.

habt mir zu essen gegeben." Und sie sagen: „Wo haben wir dir zu essen gegeben?" Nicht so, sondern indem sie denen, die zum Herrn gehören, also seinem Leib, gedient haben, haben sie dem Herrn selber gedient. Jesus sagt: ***„Ich bin hungrig gewesen und ihr habt mich gespeist"*** (Matthäus 25,35). Also auch hier geht es um eine persönliche Beziehung zu Jesus, wenn auch eine etwas unklarere. Wir haben hier demnach Menschen aus den Nationen, die ins 1000-jährige Reich gehen, weil sie sich in der Zeit der Verfolgung an die Seite des Volkes Gottes und damit an die Seite Jesu gestellt haben.
Spätestens hier ist im Blick auf die weiteren Gläubigen die Frage nach dem Zeitpunkt der Entrückung wichtig, denn die nächste Personengruppe im 1000-jährigen Reich sind die Gläubigen, die teilhaben an der ersten Auferstehung und an der Entrückung. Sollte die erste Auferstehung zusammen mit der Entrückung erst unmittelbar vor der Wiederkunft Jesu stattfinden, dann würde es mit den Menschen aus den Heidenvölkern, die zum Laubhüttenfest ziehen und von denen Sacharja redet, sehr eng. Die Ungläubigen werden nämlich in diesem Moment gerichtet, die Gläubigen aber dann verwandelt - auferweckt, entrückt, verwandelt. Diese können aber nach der Auferstehung und der Entrückung, kein normales irdisches Leben mehr führen, denn sie haben bereits ihre Herrlichkeitsleiber.

Je nachdem, wie man die Schafe aus Matthäus 25 exakt einordnet, gäbe es dann allenfalls diese Gruppe, die mit ihren Nachkommen im 1000-jährigen Reich leben könnte. Wenn man die dann aber zu den wirklich Gläubigen im engeren Sinne dazurechnet, was man eigentlich muss, dann müssten diese mit entrückt werden. Dann gäbe es außer den Nachkommen Israels keine Heidenvölker auf der Erde im 1000-jährigen Reich. Sacharja 14,16, wo die Nachkommen aus den Heidenvölkern zum Laubhüttenfest nach Jerusalem ziehen, könnte damit nicht stattfinden. Das ist ein starkes Argument für die Vorentrückung. Wäre die Entrückung nämlich schon Jahre *vor* der sichtbaren Wiederkunft, dann könnten noch die dazu kommen, die seither neu zum Glauben gekommen sind;

wobei diese Gruppe nach meiner bisherigen Erkenntnis nicht sehr groß sein dürfte, denn die Offenbarung redet nur davon, dass die Menschen keine Buße tun. Von einer nennenswerten Umkehr während der eigentlichen Zeit der großen Trübsal redet die Bibel nicht. Es muss wohl eine kleine Gruppe geben, die das Malzeichen des Tieres nicht annimmt, aber es werden nicht viele sein.

Wo werden die, die dann auferstanden sind und entrückt wurden, sein? Wir, die heute schon auf den Herrn und den Tag der Entrückung warten? Auch für die Beantwortung dieser Frage ist der Zeitpunkt der Entrückung von Bedeutung. Paulus schreibt in 1. Korinther 6,2-3: ***„Wisst ihr nicht, dass die Heiligen die Welt richten werden? Wenn nun durch euch die Welt gerichtet werden soll (...); Wisst ihr nicht, dass wir Engel richten werden? Wie viel mehr die Angelegenheiten dieses Lebens?“*** Und Offenbarung 20,4 und 6 sagen: ***„Und ich sah Throne und sie setzten sich darauf und ihnen wart gegeben das Gericht und die Seelen derer, die enthauptet sind um des Zeugnisses Jesus und um des Wortes Gottes willen und die nicht angebetet hatten das Tier noch sein Bild und nicht angenommen hatten sein Malzeichen an ihrer Stirn und auf ihrer Hand. Diese lebten und regierten mit Christus 1000 Jahre. Glückselig und heilig ist, wer Anteil hat an der ersten Auferstehung; über diese hat der zweite Tod keine Macht, sondern sie werden Priester Gottes und des Christus sein und mit ihm regieren 1000 Jahre.“***

Da Christus nach dem Zeugnis der Schrift während dieser 1000 Jahre vom Berg Zion, also von Jerusalem aus regieren wird, müssten logischerweise auch die Gläubigen auf dieser Erde mit ihm regieren. Das ist ein wichtiges Argument für die Vorentrückung und das hatten wir im vorherigen Teil schon kurz gestreift. Wenn Jesus sagt: ***„In meines Vaters Haus sind viele Wohnungen und ich werde kommen und euch zu mir nehmen, damit ihr seid wo ich bin“,*** dann redet Jesus hier doch eindeutig vom Himmel. Wenn die Entrückung aber erst unmit-

telbar vor der sichtbaren Wiederkunft Jesu geschieht, dann werden die Gläubigen zwar dem wiederkommenden Herrn entgegen gerückt, gehen aber dann nicht mit ihm in den Himmel, sondern kommen wieder auf die Erde und regieren hier 1000 Jahre mit ihm. Dann sind 1000 Jahre lang keine Zeit, in der die Gläubigen ihre himmlischen Wohnungen beziehen könnten. Auch die Braut, die wir in Offenbarung 19 im Himmel sehen, die dort für die Hochzeit mit dem reinen Leinen der Gerechtigkeitstaten der Heiligen gekleidet wird, die bekommen wir dann bis zum Ende des 1000-jährigen Reiches nicht mehr wirklich unter.
Wer dann, wie die Adventisten, die Vorentrückung ablehnt, kommt wie Leonard Conradi zur Deutung, dass die Heiligen das 1000-jährige Reich nicht auf Erden, sondern im Himmel verbringen, um dort die Welt und die Engel zu richten. Das muss dann im Prinzip so sein, denn die müssen ja irgendwie nach oben. Das halte ich aber dann aus erwähnten Gründen für unwahrscheinlich.

Wir sehen, solange wir vom großen Ganzen reden, sind die Dinge mit dem 1000-jährigen Reich recht klar. Wenn wir aber anfangen in die Details zu gehen, kann das schon sehr viel schwieriger werden. In der Frage, wie ein bestimmtes Wort zeitlich einzuordnen ist, spielen auf einmal ganz viele Einzelbegriffe eine Rolle. Es stellen sich Fragen wie: Wie läuft das im 1000-jährigen Reich denn mit Tod und Auferstehung weiter? Zu der Zeit wird ja noch gestorben, zumindest die Sünder sterben. Gut - die kommen dann halt in den Hades, wie vorher auch, aber die irdischen Gläubigen des 1000-jährigen Reichs - sterben sie während der 1000 Jahre nicht? Falls doch, werden die dann direkt verwandelt und bekommen ihren himmlischen Herrlichkeitsleib? Die Märtyrer sterben wohl noch; die werden dann verwandelt. Ich persönlich vermute am ehesten, dass die irdischen Gläubigen des 1000-jährigen Reichs gar nicht sterben, sondern vom 1000-jährigen Reich aus in den neuen Himmel und auf die neue Erde einziehen. Wir haben ja gelesen: Wer Sünde tut, wird als Verfluchter relativ jung sterben und die Gläubigen werden dann wohl in dieser Zeit nicht sündigen; und wo keine Sünde ist, da ist auch kein Tod. Aber das ist nur eine Vermutung von mir.

Die allerwichtigste Frage ist aber, dass wir auf die Entrückung geistlich vorbereitet sind. Das ist das Anliegen aller Eltern, zu wissen, dass ihre Kinder und Enkel dazu gehören. Welche Eltern möchten schon dabei sein, wenn der Herr wiederkommt, und wissen, dass ihre Kinder oder Enkel dableiben. Das wünscht sich natürlich auch ein Pastor von Herzen, dass möglichst jeder in seiner Gemeinde und jeder, der ihm in irgendeiner Weise als Gottesdienstbesucher oder Predigthörer anvertraut ist, mit bei der Schar derer ist, die dann dem Herrn entgegen gerückt wird. Vielleicht ist es ja gar nicht mehr lange hin. Wohl dem, der heute schon weiß: Ich bin dabei! Amen.

Teil 8

Daniel 9,26-27:
„Und nach den 62 Wochen wird der Gesalbte ausgerottet werden und ihm wird nichts zu teil werden; die Stadt aber samt dem Heiligtum wird das Volk des zukünftigen Fürsten zerstören und sie geht unter in der überströmenden Flut und bis ans Ende wird es Krieg geben, fest beschlossene Verwüstungen; und er wird mit den Vielen einen Bund schließen eine Woche lang; und in der Mitte der Woche wird er Schlacht- und Speisopfer aufhören lassen und neben dem Flügel werden Gräuel der Verwüstung aufgestellt, und zwar bis die fest beschlossene Vernichtung sich über den Verwüster ergießt."

Die 70. Jahrwoche

Heute wenden wir uns noch einmal der 70. Jahrwoche zu, die in Daniel 9 beschrieben ist. Um die Entrückung zeitlich sinnvoll einordnen zu können, müssen wir sehen, inwieweit sich ein Grundgerüst der Endzeitereignisse erkennen lässt, in das wir die Entrückung dann einordnen können. Im 5. Teil dieser Predigtreihe bin ich schon ausführlich auf die A- und Postmillenaristen eingegangen, die glauben, dass das 1000-jährige Reich schon vor der sichtbaren Wiederkunft Jesu stattgefunden habe. Sie deuten meines Wissens die 70. Jahrwoche ganz so, als wären die dort beschriebenen Ereignisse historisch bereits mit der Zerstörung Jerusalems durch die Römer um 70 nach Christus erfüllt. Warum ich definitiv der Überzeugung bin, dass diese Deutung dem Wortlaut der Schrift nicht gerecht werden kann, habe ich im 5. Teil bereits ausgeführt. Nochmal kurz zur Erinnerung: Jesus selbst weist in seiner Endzeitrede in Matthäus 24,15 auf Daniels Abschnitt hin: ***„Wenn ihr nun den Gräuel der Verwüstung, von dem durch den Propheten Daniel geredet wurde, an heiliger Stätte stehen seht..."*** Bis dahin waren wir ihm im Ablauf der Endzeitrede schon gefolgt. Von hier aus gehen wir jetzt nochmal kurz zu Daniel 9,24-27: ***„70 Wochen***

sind über dein Volk und über deine heilige Stadt bestimmt." Wir halten nochmal fest, es geht um Israel und Jerusalem. Das ist ganz wichtig. Es geht *nicht* um die Gemeinde Jesu und auch nicht um die Menschheitsgeschichte im allgemeinen. Es ist ganz klar gesagt und definiert, worum es geht. Einig sind sich die Ausleger bei den ersten 69 Wochen. Sie umfassen die Zeit vom Erlass, durch den die Juden aus der babylonischen Gefangenschaft zurückkehren dürfen, um Jerusalem wieder aufzubauen, bis zur Kreuzigung Jesu bzw. bis zur Zerstörung Jerusalems um 70 n. Ch.

Wobei ich mich schon im Blick auf die Verse 24 und 25, die bei Daniel 9 diesen Zeitraum umfassen, frage, ob wirklich alles hier Genannte mit dem ersten Kommen Jesu bereits erfüllt wurde. Das kommt ganz stark auf die Definition und Auslegung einzelner Begriffe und Formulierungen an. Wenn etwa Vers 24 sagt, ***„um der Übertretung ein Ende zu machen"***, und das ist wirklich ein ganz starker Begriff, der sowohl im griechischen als auch im hebräischen Urtext „verschließen, versiegeln" heißt - etwas wirklich völlig beenden - dann muss man diese Aussage schon in einem ganz bestimmten Sinn interpretieren, um sie durch das erste Kommen Jesu erfüllt zu sehen. Ohne Zweifel gab es auch in den letzten 2000 Jahren, nachdem Jesus gekommen ist, Übertretungen ohne Ende. Wirklich wörtlich und ganz erfüllt wird diese Aussage erst im neuem Himmel und auf der neuen Erde, denn wie wir im letzten Teil gesehen haben, wird es auch im 1000-jährigen Reich noch Sünde geben. Also auch da ist die Übertretung noch nicht völlig abgeschlossen, beendet oder versiegelt.

Vers 26 stellt dann zunächst fest: ***„Und nach den 62 Wochen*** (denen 7 Wochen schon vorausgegangen sind, also insgesamt 69 dieser 70) ***wird der Gesalbte ausgerottet werden."*** Da sind sich meines Wissens auch alle Ausleger einig, hier ist vom Kreuzestod Jesu die Rede. Dann aber sagt der zweite Teil von Vers 26 nach der Übersetzung von Menge: ***„Und die Stadt samt dem Heiligtum wird das Kriegsvolk eines Fürs-***

ten zerstören, der heranzieht , dessen Ende aber durch eine Sturmflut eintritt und bis zum Ende wird Krieg stattfinden, fest beschlossene Verwüstungen." Schon der letzte Halbsatz ***„bis zum Ende wird Krieg stattfinden",*** zeigt, dass mit diesem halben Vers ein großer Zeitraum, von der 69. Jahrwoche bis zum Ende, umspannt ist. Und genauso ist es ja; nachdem Jerusalem 70 n.Ch. zerstört wurde, war das Land Wüste. Später gab es Kreuzzüge, Krieg, dann war es wieder ein relativ wüstes Land für lange Zeit und seit Staatsgründung von Israel 1948 ist eigentlich Dauerkrieg und Dauerterror vor Ort.

Soweit ich gelesen habe, war wohl auch Einigkeit in der Zeit der Kirchenväter, z.B. überliefert *Irenäus* von *Lyon* um 200 nach Christus, dass die 70. Jahrwoche ganz an das Ende der Zeit gehört. An diesem Ende der Zeit wird der kommende Fürst eine Jahrwoche lang einen festen Bund mit der Volksmenge schließen. Die Volksmenge ist nicht näher definiert. Es kann aber im Zusammenhang nur um das Volk Israel gehen, denn nur um das Volk Israel und die heilige Stadt Jerusalem geht es hier ja. Das wird in Vers 27 auch damit bestätigt, dass dieser Fürst zur Hälfte der Jahrwoche die jüdischen Opfer abschafft. ***„Und in der Mitte der Woche wird er Schlacht- und Speiseopfer aufhören lassen und neben dem Flügel werden Gräuel der Verwüstung aufgestellt und zwar bis die fest beschlossene Vernichtung sich über den Verwüster ergießt."*** Fruchtenbaum weist als Parallele auf Jesaja 28,14-22 hin, wo seiner Meinung nach vom selben Bund aus der Perspektive Gottes die Rede ist. ***„Darum hört das Wort des Herrn, ihr Spötter, die ihr über dieses Volk herrscht, das zu Jerusalem ist, weil ihr sprecht: Wir haben mit dem Tod einen Bund und mit dem Totenreich einen Vertrag gemacht. Wenn eine überschwemmende Flut daherkommt, wird sie nicht zu uns gelangen, denn wir haben Lüge zu unserer Zuflucht gemacht und in Betrug uns geborgen."*** Das Bild einer Überschwemmung wird in der Bibel häufig als Symbol einer militärischen Invasion, einer Überflutung des Landes mit Feinden gebraucht. Und Israel ist ja seit seiner Staatsgründung von einer Flut von Feinden umgeben. Aber wie schon in der Zeit des alten Bundes, wird es seine Hoffnung wieder nicht auf den lebendigen Gott setzen, sondern auf trügerische Mächte. Man sieht eben leider auch im Volk Israel, das Einzige, was der Mensch aus der Geschichte lernt ist, dass er nichts lernt. Das ist das Traurige.

Wir kennen ja die mahnenden Propheten vor dem alten Bund, zu der Zeit, als Israel mit Ägypten einen Bund schließt und Gott sagt: „Ihr stützt euch auf einen morschen Stab, verlasst euch doch auf mich, den lebendigen Gott. Ihr stützt euch auf einen morschen Stab und der wird abbrechen und der abgebrochene Stumpf wird euch durch die Hand fahren." Genauso ist es fortlaufend gekommen, aber sie haben trotzdem nichts gelernt. Sie werden bis zum Ende der Zeit nichts lernen und sich wieder auf Lüge und Betrug stützen. So wie Gott es sagt, wissen sie sogar selbst, dass sie sich mit dem Tod und dem Totenreich verbündet haben; mit negativen Mächten. Sie meinen, mit menschlicher List und Falschheit, mit Lüge und Betrug ihre Lage retten zu können, anstatt ihre Hoffnung auf den Herrn zu setzen.

Die Übersetzung und Deutung von Daniel 9,26-27 ist schwer und fast sogar unmöglich. Die Ausleger und Übersetzer beißen sich da alle unheimlich die Zähne aus, wenn man diesen Abschnitt isoliert und ohne den gesamtbiblischen Zusammenhang betrachtet. Deshalb sage ich nochmal, es ist auch immer eine der sichersten Methoden, zu falschen Erkenntnissen zu gelangen, wenn man ein Wort der Schrift so lange dreht und wendet, exegetisch presst und knetet, bis man eine vermeintliche Erkenntnis gewonnen hat, ohne den gesamtbiblischen Zusammenhang zu betrachten. Um das zu vermeiden, lautet der Auslegungsgrundsatz der Reformation: *Sacra scriptura sui ipsius interpres* - „Die Heilige *Schrift legt sich selbst aus*". Am gewissenhaften und am offenkundigsten, wenn ich die Schrift nicht mit meiner menschlichen Logik interpretiere, sondern die Schrift es durch sich selber tut. Gewiss müssen wir ein Wort erst einmal für sich, in seinem unmittelbaren Zusammenhang zu verstehen suchen, aber dann müssen wir auf diese Weise gewonnene Erkenntnis und auch alle vielleicht noch offenen Fragen im Licht dessen prüfen, was die Bibel sonst zu diesem Thema und den vorkommenden Stichworten zu sagen hat. Wenn wir das hier auch in Daniel 9,26-27 tun, wird bei aller Übersetzungsschwierigkeit trotzdem deutlich, worum es hier geht; denn wir haben auch andere Stellen, die von den gleichen Inhalten reden. Dann fügt sich Puzzleteil um Puzzleteil dazu.

Daniel 11,31 weist ebenfalls auf diesen Gräuel der Verwüstung und die Abschaffung der Opfer hin. ***„Und es werden seine Heere daselbst stehen, sie werden das Heiligtum in der Feste entweihen und das tägliche Opfer abtun und einen Gräuel der Verwüstung errichten."*** Aus der Sicht des Daniel damals war das noch Zukunft, denn das kam erst Jahrhunderte später durch *Antiochos* IV. *Epiphanes,* der das Opfer im Tempel verboten hatte, Schweine opfern ließ und selbst ein Standbild aufrichten und anbeten ließ - den Gräuel der Verwüstung. Indem Daniel 9 und Jesus die gleichen Bilder und Begriffe wieder aufnehmen, sehen wir, dass wir hier ein historisches Vorbild haben, das uns sehr deutlich zeigt, um was es in Zukunft nochmal gehen wird.

Daniel 12,11 spricht in fast den gleichen Worten von der Zeit des Endes: ***„Und von der Zeit an, wenn das tägliche Opfer abgetan und ein Gräuel der Verwüstung aufgerichtet wurde, sind es 1290 Tage."*** Im Prinzip ist es dasselbe, was Jesus in Matthäus 24 sagt, aber es liegt in der Zukunft. Das Gräuel der Verwüstung durch *Antiochos* IV. *Epiphanes* lag ja zur Zeit Jesu schon fast 200 Jahre zurück. Jesus redet von einem vergleichbaren Ereignis, das in der Zukunft noch kommen wird, und verweist auf den Propheten Daniel zurück. Matthäus 24: ***„Wenn ihr nun sehen werdet den Gräuel der Verwüstung, davon gesagt ist durch den Propheten Daniel, dass er steht an heiliger Stätte. Wer da liest, der merke auf, denn es wird alsdann eine große Trübsal sein, wie sie nicht gewesen ist von***

Anfang der Welt bisher und die auch nicht wieder werden wird." So sehen wir, dass Jesus selber die Abschaffung des Opfers und den Gräuel der Verwüstung an heiliger Stätte mit dem nächsten wichtigen Stichwort verbindet, nämlich mit der großen Trübsal.

Genau mit diesem Hinweis auf die große Trübsal leitet auch Daniel 12,1 die Vorhersage bezüglich der Abschaffung des täglichen Opfers und dem Gräuel der Verwüstung ein: ***„Zur selben Zeit*** (des Antichristen) ***wird der große Fürst Michael, der für die Kinder deines Volkes steht, sich aufmachen, denn es wird eine solch trübselige Zeit sein, wie sie nicht gewesen ist, seitdem Menschen gewesen sind bis auf diese Zeit.*** (Und jetzt fügt er noch ein Detail hinzu.) ***Zur selben Zeit wird dein Volk errettet werden, alle, die im Buch geschrieben stehen."*** Wir haben die Errettung Israels auch im Gesamtzusammenhang dieser Ereignisse genannt. Wie ich es gesagt habe, so fügt sich ein Puzzleteil um das andere ziemlich nahtlos und eindeutig zu einem Gesamtbild zusammen.

Wir haben in diesen Abschnitten mindestens fünf wichtige prophetische Punkte genannt.

1. Bis zum Ende wird in Israel Verwüstung und Krieg sein.
2. Ein Fürst wird kommen und mit Israel für 7 Jahre einen Bund schließen.
3. Nach 3 ½ Jahren wird er diesen Bund brechen, Schlacht- und Speiseopfer abschaffen und stattdessen den Gräuel der Verwüstung aufstellen.
4. Es wird eine große Trübsal sein, wie es sie in der gesamten Menschheitsgeschichte bisher nicht gegeben hat und nie wieder geben wird. Also etwas nie Dagewesenes.
5. Israel wird sich in diesem Zusammenhang bekehren und gerettet werden.

Auch über die Dauer dieser Zeit haben wir ein übereinstimmendes Zeugnis des Alten und Neuen Testaments. Das ist natürlich gerade in diesen Tagen nicht unwichtig, in denen viele Kinder Gottes fragen: „Wie lange müssen wir denn den ganzen Irrsinn noch mitmachen? Was kommt da maximal, ungefähr zeitlich noch auf uns zu?“ Ganz genau können wir das heute natürlich noch nicht sagen, weil wir nicht wissen, wie lange es noch bis zu dieser 70. Jahrwoche und bis zum Beginn der großen Trübsal hin ist. Auch wenn ich ja schon im letzten Frühjahr bei der Coronapredigt gesagt habe, ich könnte mir nicht vorstellen, dass es einen solchen Wahnsinn und eine solche Menschenverachtung und ein solch unvorstellbar Böses überhaupt in der Zeit vor dem Offenbarwerden des Antichristen gibt. Umso drängender ist natürlich die Frage: „Herr, wie lange noch?“

Eine Zeitspanne gibt uns der Herr von da an, wenn es sichtbar losgeht; ganz sind wir da noch nicht. Daniel redet von einer Jahrwoche, also sieben Jahren. In der Mitte, nach 3 ½ Jahren, wird das Opfer abgeschafft und damit beginnt dann die eigentliche Zeit der großen Trübsal für weitere 3 ½ Jahre. Interessant ist dann dabei, dass die Bibel von diesem Zeitabschnitt von 3 ½ Jahren redet, welcher dann die antichristliche Trübsalszeit und Zeit der Weltdiktatur im engeren Sinne sein wird; allerdings in jeweils verschiedenen Zeiteinheiten. In Daniel gibt sie diesen Zeitabschnitt als eine Zeit, zwei Zeiten und eine halbe Zeit an; in Offenbarung 12,14 spricht sie von 3 ½ Zeiten. Der Ausleger Gerhart Salomon, ein Zahlenfetischist und Mathematiker, von Beruf jedoch Prediger, war zahlenmäßig begabt und hat sich mit den Zahlen der Bibel auseinandergesetzt und ein Büchlein darüber geschrieben. Es scheint mir gar nicht schlecht, was er da geschrieben hat. Er sagt, bei der Angabe der 3 ½ Zeiten liegt der Akzent mehr auf der Bedrückung, der das Gottesvolk durch den endzeitlichen Gewaltherrscher ausgesetzt wird. Dazu stehen dann auch die 3 ½ Tage in Beziehung; welche die beiden Zeugen aus Offenbarung 11,9 tot in Jerusalem liegen; das ist ja interessanter Weise die gleiche Zahl, nur in einer anderen Einheit. Tatsächlich redet Daniel 7,25 vom Horn, dem Antichrist: ***„Er wird freche Reden gegen den Höchsten führen***

und die Heiligen des Höchsten aufreiben; und er wird danach trachten, Zeiten und Gesetz zu ändern, und sie werden in seine Gewalt gegeben für eine Zeit, zwei Zeiten und eine halbe Zeit."

In Daniel 12,7 erhält Daniel auf die Frage, wie lange wird es dauern, bis diese unerhörten Zustände, die Bedrückung seines Volkes durch den Antichristen, zu Ende sein werden, die Antwort: ***„eine Zeit, zwei Zeiten und eine halbe Zeit."*** Das passt also zu dem, was Gerhart Salomon als Charakter für diese 3 ½ Jahre beschreibt. Zu den 42 Monaten sagt Salomon, dass die in Monaten ausgedrückte Epoche Finsternis-Offenbarungen beinhaltet; nämlich das Zertreten der heiligen Stadt sowie das gotteslästerliche Verhalten des Tieres. Seine Begründung: Der Mond, der den Monat bestimmt, hat es mit der Nacht zu tun und symbolisiert hier den gottfeindlichen Inhalt dieser Tage.

Gucken wir uns Offenbarung 11,2 an: ***„Aber den Vorhof, der außerhalb des Tempels ist, lass aus und miss ihn nicht, denn er ist den Heidenvölkern übergeben. Und sie werden die heilige Stadt zertreten 42 Monate lang."*** Und in Offenbarung 13,5 heißt es: ***„Und es wurde ihm*** (dem Tier, dem Antichristen) ***ein Maul gegeben, das große Worte und Lästerungen redete und ihm wurde Macht gegeben 42 Monate lang zu wirken."*** Hier wird das negative und Finstere beschrieben. Auch in dieser Zeit des Grauens wirkt Gott, bezeugt seine Macht und beschützt die Seinen - im gleichen Zeitraum, aber jetzt in 1260 Tagen genannt. Salomon führt weiter aus, dass der Tag, im Gegensatz zur Nacht, von der Sonne und dem Licht regiert wird. Deshalb stehen die Erwähnungen der 1260 Tage, nämlich die mutige und prophetische Botschaft der beiden Zeugen aus Offenbarung 11,3 und die wunderbare Durchhilfe der geflohenen Schar am Bergungsort aus Offenbarung 12,6 folgerichtig unter dem entgegengesetzten Vorzeichen: Tag. Die Monate beziehen sich also auf die Nacht, jene Zeit, in der der Antichrist und das Böse herrschen. Die Tage im gleichen Zeitraum meint die Zeit, in der der Herr wirkt, bewahrt und redet. In Offenbarung 11,3 lesen wir: ***„Und ich will meinen Zeugen geben, dass sie weissagen 1260 Tage.“*** Offenbarung 12,6: ***„Und die Frau floh in die Wüste, wo sie einen von Gott bereiteten Ort hat, damit man sie dort 1260 Tage ernähre.“*** Also ich muss sagen, was der gute und längst in der Ewigkeit befindliche Gerhart Salomon geschrieben hat, finde ich relativ einleuchtend. Seine Frau war manchmal bei uns in der Neuwieder Gemeinde, aber da war er schon in der Ewigkeit.

Diesen 1260 Tagen sind dann in Daniel 12,11 folgende zwei Fristen hinzugefügt: ***„Und von der Zeit, wenn das tägliche Opfer abgetan und ein Gräuel der Verwüstung aufgerichtet wurde, sind es 1290 Tage. Wohl dem, der da wartet und erreicht 1335 Tage.“*** Es ist eindeutig, dass sich diese zusätzlichen Fristen von 30 und 45, insgesamt 75 Tagen, auf die 1260 Tage aufbauen; wobei nur spekuliert werden kann, wie diese Fristen zustande kommen bzw. mit welchen Ereignissen sie inhaltlich gefüllt sind. Bei den 30 Tagen wird vermutet, dass das Gräuel der Verwüstung und die Abschaffung der Opfer schon 30 Tage vor Beginn der großen Trübsal stattfinden. Es wäre denkbar, dass der Antichrist erst einmal das tägliche Opfer abschafft, sich daraufhin selber 30 Tage lang als großen Gott und König feiern lässt, bevor dann die große Trübsal beginnt. Die Zeit, in der er alle, die sich ihm nicht unterwerfen wollen, erbarmungslos verfolgt.

Die zusätzlichen 45 Tage könnten am Ende mit den Gerichts- und Aufräumarbeiten gefüllt sein, die zwischen der Vernichtung des Antichristen und dem Beginn des 1000-jährigen Reiches liegen. In diesen 45 Tagen könnte etwa das Völkergericht von Matthäus 25 stattfinden. Aber wie gesagt, das sind nur Vermutungen. Deshalb habe ich das mit diesen ganzen Zahlen etwas breiter ausgeführt. Gerade die Einordnung und Deutung der 70. Jahrwoche ist in theologischen wie auch christlichen Kreisen sehr umstritten. Wenn wir diese 7 Jahre, die in 2 mal 3 ½ Jahre geteilt sind, mit den genau gleichen Zeiträumen von 42 Monaten und 1260 Tagen vergleichen, dann sehen wir, dass die Bibel da vom Gleichen redet. Es geht darum, das Licht von der einen Stelle auch auf die andere Stelle hinüber leuchten zu lassen.

Im Zusammenhang dieser Zeiten und Ereignisse damit kommen wir zur spannenden Frage nach dem Zeitpunkt der Entrückung. Diese 70. Jahrwoche wird entweder ganz, aber meistens mit der zweiten Hälfe, mit der großen Trübsal gleichgesetzt. Im Blick auf die Entrückung gibt es dazu drei verschiedene Vorstellungen; Grundmodelle, die auch unter bibeltreuen Auslegern diskutiert werden. Ein Teil glaubt, dass die Entrückung erst am Ende der großen Trübsal stattfindet. Dann kommt Jesus, zunächst für die Welt unsichtbar, der Erde in den Wolken des Himmels entgegen. Die verstorbenen Gläubigen werden auferweckt und ihre Leiber zugleich mit den noch Lebenden in einem Augenblick in die himmlischen Herrlichkeitsleiber verwandelt und so dem Herrn in den Wolken entgegen gerückt. Das wäre dann praktisch der erste Schritt der Wiederkunft Jesu, der sich aber noch im unsichtbaren Bereich abspielt. Im zweiten Schritt kommt Jesus dann mit den Auferweckten und verwandelten Gläubigen sichtbar auf die Erde.

Ein anderer Teil glaubt, dass die Entrückung schon vor der großen Trübsal stattfindet, bzw. sogar auch schon vor der 70. Jahrwoche. Der erste Schritt bleibt gleich. Christus kommt unsichtbar in den Wolken des Himmels der Erde entgegen, die verstorbenen Gläubigen werden auferweckt und mit den Entrückten dem Herrn entgegen gerückt. Jetzt kommt der Herr aber nicht auf die Erde, sondern alles geschieht im Unsichtbaren. Er geht wieder zurück in den Himmel, wo das sogenannte Preisgericht stattfindet, und die Gläubigen empfangen ihren Lohn. Analog zum jüdischen Hochzeitsfest, das eine Woche dauert, feiert Christus mit seiner Braut während der 70. Jahrwoche gewissermaßen Hochzeit. Am Ende dieser Zeit kommt Christus, sichtbar für alle, in Begleitung der Gläubigen auf die Erde zurück zum Gericht und um das 1000-jährige Reich aufzurichten.

Die dritte Gruppe glaubt, dass die Entrückung nicht vor Beginn und auch nicht am Ende der großen Trübsal, sondern dazwischen stattfindet. Alle drei Überzeugungen haben durchaus gute biblische Argumente für ihre Sichtweise. Ich bin bisher nicht der Auffassung, dass man ohne weiteres sagen kann, es kann nur so oder so sein. Es gibt durchaus verschiedene gute Argumente, aber am Schluss ist es eine Frage der Gesamtabwägung, wie ich die einzelnen Argumente gewichte und was mir am stärksten einleuchtet, was weniger.

Das will ich zum Schluss heute noch kurz andeuten, vertiefen werden wir das aber im nächsten Teil. Die erste Gruppe zum Beispiel sagt, die Entrückung findet *am Ende* statt; praktisch unmittelbar mit der sichtbaren Wiederkunft verbunden als deren erster Schritt. Sie verweisen auf die Tatsache, dass die sichtbare Wiederkunft Jesu und die Entrückung der Gemeinde wohl an keiner Stelle ausdrücklich als ein durch Jahre getrenntes Geschehen bezeichnet werden. Die Auffassung, dass zwischen der Entrückung und der sichtbaren Wiederkunft Jesu Jahre liegen können, muss im Prinzip aus verschiedenen Stellen abgeleitet werden. Mir ist bisher keine einzige Stelle bekannt, die sagt: Erst kommt die Entrückung der Gläubigen und irgendwann Jahre später kommt Jesus sichtbar wieder. Stattdessen ist es in der tat so, dass die Bibel an vielen Stellen so redet, dass man erst einmal den Eindruck haben kann, die Entrückung und die sichtbare Wiederkunft Jesu wären ein und dasselbe; auch mehr oder weniger zur gleichen Zeit. Das ist ein Argument, das ist ein Fakt, das kann man nicht einfach so vom Tisch wischen, sondern da muss man sich dann schon mit auseinandersetzen.

Ein weiteres wichtiges Argument gegen eine Entrückung *vor* der großen Trübsal ist Offenbarung 7,14. Da lesen wir: ***„Diese sind es, die <u>aus</u> der großen Trübsal kommen."*** Meines Erachtens ist das ein sehr starkes Argument gegen eine Entrückung vor der großen Trübsal. Die griechische Präposition, die da steht, bedeutet eben ganz eindeutig „aus" und nicht „vorher davon weg". Diejenigen, die eine Entrückung *vor* der großen Trübsal lehren, sagen: Das sind die Menschen, die nach der Entrückung, während der großen Trübsal zum Glauben kommen; vor allem durch das Zeugnis der 144.000 aus Israel und auch das der zwei Zeugen. Wie schon angedeutet, habe ich aber an dieser Erklärung ganz erhebliche Zweifel, denn die Versiegelung der 144.000 dient ausschließlich dem Schutz und der Bewahrung dieser 144.000 vor den nun kommenden Gerichten Gottes und nicht aber der Berufung zum Zeugendienst. Wenn es eine Berufung zum Zeugendienst wäre, dann wäre es keine Versiegelung, sondern eine Salbung. In der Bibel wird jemand durch die Salbung oder Handauflegung zum Dienst berufen. Die 144.000 werden jedoch nicht gesalbt, sondern versiegelt und Versiegelung dient der Bewahrung.

Auch die zwei Zeugen aus Offenbarung 11 bekunden prophetisch die Macht Gottes im Angesicht des Antichristen. Sie bringen Gerichte, wie Elia, über die Gottlosen; Feuer geht aus ihrem Mund hervor und sie verschließen den Himmel, dass es nicht mehr regnet. Sie sind ein Stachel im Fleisch des Antichristen und stehen auch in Jerusalem, am Zentrum der gottlosen Macht, in der Höhle des Löwen. Sie sind ein gigantisches Ärgernis für den Antichristen. Er gebärdet sich als der, der alle Macht von Satan bekommen hat. Er tut nicht nur so, als wäre er Gott, er erweist sich als Gott, dank dieser gigantischen Macht. Aber trotzdem setzt ihm Gott den Stachel ins Fleisch. Er platziert die beiden Zeugen direkt vor seine Nase, wo sie mit ihren Machttaten bekunden, dass der Gott, an den sie glauben, der eine wahre, allmächtige und lebendige Gott ist.

Mit keiner Silbe ist aber sowohl von den 144.000 als auch von den zwei Zeugen gesagt, dass auch nur ein Einziger durch ihren Dienst zum Glauben kommt. Auch ist mir im Moment keine alttestamentliche Prophezeiung vor Augen, die von einem missionarischen Dienst Israels *vor* dem 1000-jährigen Reich reden würden. *Im* 1000-jährigen Reich ja, da ist Israel missionarisch aktiv und da ist Israel der Wegweiser für die Völker, zum Berg Zion, zu Jesus, zum Heil. Vorher ist mir nichts bekannt. Außerdem sagen die, welche an die Entrückung vor der großen Trübsal glauben, dass derjenige, der das Böse nach 2. Thessalonicher 2,6 noch zurück hält, die Gemeinde bzw. der Heilige Geist sei. Wenn aber mit der Entrückung der Gemeinde auch der Heilige Geist weg ist, er sein Wirken auf dieser Erde weitgehend eingestellt hat und das Böse eben nicht mehr zurück hält, wie soll dann bei so wenig geistlicher und göttlicher Präsenz noch eine riesige Schar aus allen Völkern, Sprachen und Nationen, die niemand zählen kann, zum Glauben kommen? Das scheint mir eine sehr fragwürdige Konstruktion zu sein, zumal in der Offenbarung fortlaufend betont wird, dass die Menschen *nicht* Buße tun. Mir ist in der Offenbarung keine Stelle vor Augen, wo davon die Rede wäre, dass Menschen umkehren und zum Glauben kommen.

Also deshalb müssen wir ungeheuer aufpassen. Was steht wirklich da und von wo tragen wir irgendwelche Interpretationen und Deutungen ein? Haben wir dafür wirklich biblische Belege oder ist es hier und da doch eher die fromme Phantasie? Natürlich würden wir es uns wünschen und ich will auch nicht ausschließen, dass da und dort noch Einzelne zum Glauben kommen; sonst wäre es mit der Entrückung der Gemeinde vorher ganz schlecht. Wir müssen diese Einwände also schon sehr ernst nehmen. Andererseits stützen sich die, die an eine Entrückung *vor* der 70. Jahrwoche und damit an eine Entrückung *vor* der großen Trübsal glauben, etwa auf Offenbarung 3,10. Dort sagt der auferstandene Herr der Gemeinde in Philadelphia: ***„Weil du das Wort vom Harren auf mich bewahrt hast, werde auch ich dich bewahren vor der Stunde der Versuchung, die über den ganzen Erdkreis kommen wird, zu versuchen, die auf Erden wohnen.“*** Das ist z.B. ein ganz wichtiges Argument von Roger Liebi, der die Stunde der Versuchung als erste Hälfte der 70. Jahrwoche definiert. Er meint, weil Jesus sagt, ich will euch *vor* der Stunde der Versuchung bewahren - also zeitlich davor - muss die Entrückung vor Beginn der 70. Jahrwoche stattfinden. Zudem betonen alle, die an eine Entrückung vor der großen Trübsal und dem Offenbarwerden des Antichristen glauben, dass Jesus sagt, er kommt *plötzlich*, wie ein Dieb in der Nacht. Er kommt also total überraschend. Das kann man sicher sagen, das ist ein übereinstimmendes Zeugnis im Blick auf die Wiederkunft Jesu.

Wenn nun aber bestimmte Dinge voraus gehen müssen wie etwa der Abfall und das Offenbarwerden des Antichristen, die Einführung des Opferdienstes, der Bau des Tempels in Jerusalem, das Gräuel der Verwüstung an heiliger Stätte usw., dann könnte Jesus ja nicht irgendwann überraschend zur Entrückung der Gemeinde kommen. Dann müssten ja all diese Ereignisse vorher schon passiert sein. So schreibt Paulus in 2. Thessalonicher 2,3-4: ***„Denn es muss unbedingt zuvor der Abfall kommen und der Mensch der Sünde geoffenbart werden, der Sohn des Verderbens, der sich widersetzt und sich überhebt über alles, was Gott oder Gegenstand der Verehrung heißt; so dass er sich in den Tempel Gottes setzt als ein Gott und sich selbst für Gott ausgibt."*** Solange der Mensch der Sünde also noch nicht offenbart wurde, könnte sich die Christenheit entspannt im Sessel zurück lehnen und wissen: Die Entrückung kann noch gar nicht stattfinden, weil das und das ja alles noch gar nicht passiert ist. Ich muss sagen, das war auch für mich von jeher ein wichtiges Argument für die Vorentrückung. Diese und weitere Argumente werden wir im nächsten Teil noch genauer anschauen.

Eines dürfen wir in jedem Fall wissen und es ist wichtig, dass wir es wissen: Egal was kommt, wann es kommt oder wie es kommt: Der Herr hält seine Hand über und um uns. Ganz egal, wie weit er uns in diese Zeiten noch hineinlaufen lässt, er wird immer bei uns sein. Er will uns Kraft geben! Ich sage es auch an dieser Stelle noch einmal: Nehmt Abstand davon, zu viel von diesen negativen Informationen in euch hinein zu füllen. Es gibt Leute und auch Geschwister, die sitzen gefühlt fast den ganzen Tag vor dem Computer oder am Smartphone und ziehen eine Horrorbotschaft nach der anderen in sich rein. Man kann, wenn der Tag nicht nur 24, 48 oder 96 Stunden hätte und man nähme die Nacht noch dazu, gar nicht alle Horrormeldungen aufnehmen, die es an einem einzigen Tag in dieser Welt gibt. Das hält der stärkste Gaul nicht aus. Das hält die stärkste Seele nicht aus. Ich sage immer wieder, man braucht eigentlich maximal eine Stunde am Tag, nicht mehr, um das aufzunehmen, was man vielleicht wissen muss und um sich für den Verantwortungsbereich, den man hat, damit auseinander zu setzen. Dann kann man auch noch mit der Hilfe Gottes die notwendigen Schritte, Entscheidungen und Vorkehrungen treffen. Was mehr ist, das ist irgendwo vom Übel. Konzentrieren wir uns mit der restlichen Zeit des Tages auf die Verheißungen Gottes, auf das, was er uns zusagt, auf das Schöne, was wir immer noch haben. Das wäre z.B., dass wir uns versammeln und miteinander hier sein dürfen, und auf das, was wir in der Familie miteinander haben oder was Gott uns sonst so schenkt: Spaziergang in der Natur, Fenster auf und beobachten, wie die Meisen fliegen und zwitschern. Unsere Seele braucht menschlich wie auch geistlich auch das Gute und Erfreuliche. Lasst uns auch das Positive in uns aufnehmen, sonst werden wir vom Bösen und Schlechten niedergedrückt und in die Knie gezwungen.

Damit nochmal zurück zum geistigen Hauptgedanken. Unser Herr Jesus umgibt uns von allen Seiten. Er trägt und bewahrt uns, er erhält uns, dessen dürfen wir gewiss sein - egal wie lange es noch dauert. Beten wir dafür, dass noch viele die verbleibende Zeit nutzen, das Heil in Jesus Christus zu erkennen und für sich anzunehmen. Das ist wahrscheinlich auch der Maßstab, den der Herr noch setzt. Sein Ziel ist ja nicht, dass wir leiden müssen, sondern sein Ziel ist, dass Menschen noch zum Glauben an ihn finden, und deshalb muss noch eine Frist so lange sein, bis der Herr irgendwie auch die Letzten aus den Büschen und Hecken hervorgezogen hat, die sich da noch vor ihm verstecken wollen, jedoch auch noch zum Glauben finden sollen. Wenn das dann eines Tages geschehen ist, darum wollen wir beten, dass das dann auch möglichst schnell geschieht, dann kann der Herr seine Gemeinde auch wieder zu sich holen. Möge der Herr uns bis dahin Zuversicht und Kraft geben. Das wird er auch tun! Amen.

Teil 9

1. Thessalonicher 4,13-18:
„Ich will euch aber, Brüder, nicht in Unwissenheit lassen über die Entschlafenen, damit ihr nicht traurig seid wie die anderen, die keine Hoffnung haben. Denn wenn wir glauben, dass Jesus gestorben und auferstanden ist, so wird Gott auch die Entschlafenen durch Jesus mit ihm führen. Denn das sagen wir euch in einem Wort des Herrn: Wir, die wir leben und bis zur Wiederkunft des Herrn übrig bleiben, werden den Entschlafenen nicht zuvorkommen; denn der Herr selbst wird, wenn der Befehl ergeht und die Stimme des Erzengels und die Posaune Gottes erschallt, vom Himmel herabkommen, und die Toten in Christus werden zuerst auferstehen. Danach werden wir, die wir leben und übrig bleiben, zusammen mit ihnen entrückt werden in Wolken, zur Begegnung mit dem Herrn, in die Luft, und so werden wir bei dem Herrn sein allezeit. So tröstet nun einander mit diesen Worten!“

Die Bedeutung der zeitlich richtigen Einordnung der Entrückung

Leider wird auch die heutige Predigt nicht weniger komplex und anspruchsvoll werden als die letzten. Eine ernsthafte und solide Beschäftigung mit dem Thema lässt das meines Erachtens anders nicht zu. Ich könnte es uns allein natürlich einfacher machen, indem ich mich auf eine Darstellung des Modells beschränken würde, das mir am meisten einleuchtet. Aber dann hätte ich im Prinzip meine Gedanken zum Thema vermittelt. Ich würde es aber euch nicht ohne weiteres ermöglichen, selbst anhand verschiedener Argumente und Einwände mitzudenken und zu eigener Erkenntnis zu gelangen. Verantwortungsvolle Verkündigung sollte möglichst nicht die Meinung des Predigers weitergeben, sondern den Hörern helfen, selbst möglichst unmittelbar auf das Wort Gottes zu hören und durch Hören auf das Wort Gottes unter Leitung des Heiligen Geistes zur vermehrten und vertieften eigenen Erkenntnis der Wahrheit zu gelangen. Das fordert zugegebenermaßen erheblich mehr heraus, als wenn man die quasi geistlich vorverdaute Nahrung mundgerecht serviert bekommt. Diejenigen, die sich das zumuten wollen, lade ich ein, auch heute wieder konzentriert mitzuhören und mitzudenken. Das Thema ist meines Erachtens wichtig genug.

1948 war die Staatsgründung Israels. Der lebendige Gott hat damit für alle Welt sichtbar das Ende des Zeitalters der Gemeinde eingeleitet. Er hat sichtbar für alle Welt damit begonnen, sich seinem immer noch verworfenen und unter seinem Fluch und Gericht stehenden Volk wieder zuzuwenden. Das ist eines der ganz zentralen Ereignisse, das für das Ende der Zeit im Wort Gottes angekündigt ist. Wir erleben zweitens, wie durch moderne Medien das Evangelium wohl längst alle Teile der Welt und alle Völker der Erde erreicht haben dürfte. Jesus sagt in Matthäus 24,14: ***„Wenn das geschehen ist, dann wird das Ende kommen.“*** Im nächsten Vers 15 ist Jesus ja dann bereits beim Gräuel der Verwüstung an heiliger Stätte und in diesem Zusammenhang dann auch bei der großen Trübsal. Wir sind deshalb, daran kann meines Erachtens kaum ein Zweifel bestehen, ganz nah am Ablauf dieser allerletzten Ereignisse vor der Wiederkunft Jesu dran.

Wir erleben schon seit dem Spätsommer 2015, wie die satanisch gesteuerten Mächte dieser Welt angefangen haben, „den Sack zuzubinden“. Das war spätestens seit Herbst 2015 unübersehbar und ich habe bereits damals schon mit diesen Worten darauf hingewiesen. Seit einem Jahr erleben wir, wie sich das menschenverachtende Böse fast ungehindert global austobt und die Menschheit weltweit von wahrhaft apokalyptischen Entwicklungen und Ereignissen heimgesucht wird.

Insbesondere unter Donald Trump sind auch die Friedensverhandlungen im Nahen Osten so weit vorangekommen, dass der Bund, von dem Daniel in Kapitel 9,27 redet, in greifbare

Nähe gerückt ist. Ein solcher Bund könnte im Prinzip über Nacht geschlossen werden; folglich ein Tempel in Jerusalem errichtet und die Opfer wieder eingeführt. Die Baugenehmigung für einen Bahnhof an der Klagemauer ist meines Wissens schon erteilt und seit ungefähr einem Jahr gibt es eine Schnellbahnverbindung vom Ben-Gurion-Flughafen in Tel Aviv bis an den Hauptbahnhof in Jerusalem. Man kommt wohl in 20-30 Minuten von Tel Aviv nach Jerusalem. Es fehlen nur noch 3 km bis zum Tempelberg und die sollen nun in einer unterirdischen Trasse bis praktisch fast an die Klagemauer, 50 Meter unter der Erde herangeführt werden. Da soll es ganz ausdrücklich nicht nur um die Pilger, die die Klagemauer sehen wollen und an ihr beten wollen, gehen, sondern da sollen mehr oder weniger ganz offiziell auch die zukünftigen Pilgermassen, die zum Passah ihr Opfer zum Tempel bringen wollen, vorbereitet werden. Also wir sehen, wie die Dinge sich auf allen möglichen verschiedenen Ebenen auf diese Entwicklungen hin ganz konkret zuspitzen. Wir reden da nicht über Theorien. Ich weiß, schon in meiner Kindheit und Jugend hat man bereits über den Tempel gesprochen und dass da die Teile mehr oder weniger vorbereitet sind, aber das war alles irgendwie Gerücht und Mutmaßung, alles in weiter Ferne hinter dichten Nebelwolken versteckt. Heute jedoch wird das alles ganz klar und sichtbar und fügt sich Puzzleteil um Puzzleteil zusammen.

Die Bargeldabschaffung wird energisch vorangetrieben. Wie ich gehört habe, ob es stimmt, weiß ich nicht, war die Einführung des digitalen Euro schon für Anfang dieses Jahres 2021 geplant und musste lediglich durch technische Probleme noch hinausgeschoben werden. Da wird aber mit Kraft dran gearbeitet. Die Impfung ist zwar noch nicht das Malzeichen des Tieres, kommt ihm aber in verschiedener Hinsicht und vielen Details bereits erschreckend nahe. Das heißt, auch das Szenario von Offenbarung 13 könnte über Nacht Wirklichkeit werden. Soweit ich sehe, ist der Bund der 10 Reiche, über welche der Antichrist dann herrschen wird bzw. die 10 Reiche an sich, das Einzige, was an Ausgangsmaterial für dieses Szenario noch fehlt. Die ganzen übrigen Puzzleteile liegen im Prinzip schon auf dem Tisch und müssen nur noch zusammengefügt werden.

Viele wachsame Menschen nehmen das wahr und die Gläubigen unter ihnen fragen mit fast täglich wachsendem Ernst: Herr, wie lange noch? In dieser Situation ist es in meinen Augen durchaus wichtig, eine möglichst präzise Einschätzung darüber zu haben, wann im Gesamtablauf der vermutlich sehr zeitnah erfolgenden Ereignisse die Entrückung stattfinden wird. Ich habe schon darauf hingewiesen: Im Grunde leben wir ja seit einem Jahr bereits in diesen Ereignissen. Es ist ja atemberaubend, in welchem Tempo, mit welch brachialer Gewalt, mit welcher Missachtung des Rechts und mit welch totalitärer Machtausübung wir unserer demokratischen Grund- und Freiheitsrechte beraubt wurden und weiter beraubt werden. Die Welt wird ganz offiziell in die Richtung einer neuen Normalität, eines *„Great Reset"* getrieben. Sie verbergen ihre Pläne ja im Grunde gar nicht mehr. Sie sagen ganz offen, was sie wollen, in welche Richtung sie uns zwingen und nötigen wollen. Und niemand fragt uns, die Menschheit, ob sie das denn überhaupt will. Eine kleine, zutiefst bösartige und Menschen verachtende selbsternannte, von keinem demokratischen Recht legitimierte Elite hat beschlossen, setzt um, zwingt auf, tritt nieder. Es ist unglaublich, was nicht nur in unserem Land, sondern global geschieht. Im Grunde erleben wir das, was in Offenbarung 13 vorhergesagt ist. Es fehlt vor allem noch der Eine, der es in satanischer Vollendung des Bösen auf die ultimative Spitze treibt. Eigentlich fehlt nur noch die ultimative Spitze von Offenbarung 13, die Sache selbst erleben wir bereits seit einem Jahr in allen Schattierungen.

Jesus betont in Matthäus 24,25 mit großem Nachdruck: ***„Siehe, ich habe es euch vorhergesagt."*** Warum hat Jesus es vorhergesagt? Warum betont er es auch nochmal? Ganz einfach: Damit wir es wissen und uns darauf vorbereiten können. Und zwar sowohl geistlich als auch seelisch, mental und ebenso die äußeren Dinge des Lebens betreffend. Auch Letzteres ist wichtig zu sehen. Die Warnungen Jesu warnen auch im Blick auf die äußeren Dinge des Lebens; ganz praktisch und lebensnah. Er sagt, achtet darauf und wenn es soweit ist, dann flieht in die Berge. Das ist eine ganz praktische und konkrete Anweisung zum äußeren Überleben. Jesus hat diese Dinge also voraus gesagt, damit wir uns möglichst umfassend darauf vorbereiten können. Natürlich ist die geistliche Vorbereitung die wichtigste - heute schon zu wissen, dass ich zu Jesus gehöre. Wenn sein großer Tag kommt, dann gehöre ich zu denen, die von dieser Erde entrückt werden, dem Herrn entgegen in den Wolken. Ich gehöre zu denen, denen die himmlische Wohnung im Haus des Vaters jetzt schon bereitet ist. Ich gehöre zu denen, deren Siegeskranz im himmlischen Tresor bereit liegt, wo ihn niemand stehlen kann.

Wer darf das wissen? Ich betone das immer wieder, denn manchmal gibt es immer noch Unklarheiten. Das darf jeder wissen, der sich selber als Sünder und Jesus als den Sünder-Heiland erkannt hat. Wer das Heil von Jesus für sich angenommen hat und der Jesus als seinen Herrn und Heiland nachfolgen will, der darf das für sich wissen. Mehr muss erst mal gar nicht sein, das ist der Grundsatz. Dieses Heil und diese Heilsgewissheit sollte sich auch niemand von irgendwelchen Einflüsterungen Satans nehmen lassen, nach dem Motto: Du bist nicht gut genug, du glaubst nicht fest genug, da sind noch zu viel Zweifel und Kleinglaube in deinem Herzen. Nein, wir dürfen uns an Jesus hängen und sagen: *„Herr, ich glaube, hilf meinem Unglauben, ich will zu dir gehören."* Und dann wird Jesus keinen abweisen. Das zu wissen, ist ohne jeden Zweifel das Wichtigste. Aber dann sollen uns die Vorhersagen Jesu auch helfen, uns nicht nur geistlich, sondern auch seelisch und mental darauf vorzubereiten. Wir sollen innerlich darauf eingestellt und vorbereitet sein.

Ein mittlerweile verstorbener Sicherheitsfachmann pflegte zu sagen: „Sicherheit ist keine Situation, sondern ein Verhalten."

Sicherheit beginnt damit, dass ich die Welt um mich herum aufmerksam wahrnehme, Gefahren rechtzeitig erkenne und ihnen nach Möglichkeit aus dem Weg gehen kann. Das ist immer das Maximum an Sicherheit, Gefahren erkennen und vermeiden. Wenn man sich ihnen aber stellen muss, weil es keinen Ausweg gibt, dann eben vorbereitet zu sein und nicht auf dem falschen Fuß erwischt und überrumpelt zu werden. Auch in diesem Sinne sagt Jesus: Seid wachsam! Achtet darauf, was um euch her geschieht, damit ihr die Ereignisse richtig einordnen könnt und dann vorbereitet seid, wenn es darauf ankommt, das Richtige zu tun. Auch wenn die Rettung unserer Seele für die Ewigkeit zweifellos das Wichtigste ist, so gehört es doch zur Fürsorge Jesu und unseres himmlischen Vaters, dass ihm unser äußeres Leben auch nicht egal ist. Jesus hätte ja auch sagen können: „Wenn ihr das alles seht, dann bleibt ruhig, entspannt und gelassen in Jerusalem, denn mehr als den Leib können sie euch ja nicht nehmen." Ich befürchte, so mancher heutige Frömmler und Schwärmer sagt das vielleicht so. Jesus aber hat es nicht so gesagt. Er hat gesagt: „Wenn ihr das seht, dann bringt euch in Sicherheit, dann geht in die Berge."

Im Blick auf diese geistliche, mentale und äußerliche Vorbereitung ist es nun wichtig, die Zeit, in der wir uns befinden, im Ablauf der endzeitlichen Ereignisse einordnen zu können. In diesem Zusammenhang stellt sich natürlich dann auch die Frage nach der Entrückung. Genau das sagt Jesus in Matthäus 24,32f am Beispiel des Feigenbaums: ***„Wenn ihr seht, dass seine Zweige saftig werden und Blätter treiben, dann wisst ihr, dass der Sommer nahe ist."*** Das ist wichtig, z.B. für einen Landwirt. Es macht schon einen Unterschied, ob er weiß, dass es Frühling ist und er seine Saat vorbereiten und ausbringen muss, oder ob er meint, es wäre noch Winter und er noch ein paar Monate Zeit dafür hat. Zu einer möglichst präzisen Einordnung der Zeit, in der wir leben, ist das Wirken Gottes an Israel von Bedeutung.

Wenn diejenigen richtig liegen, die davon ausgehen, dass die 70. Jahrwoche mit einem Friedensvertrag mit Israel, der Errichtung des Tempels und der Wiedereinführung des regelmäßigen Opfers beginnt, dann ist das ein überaus wichtiges Zeichen, um zu wissen, was die Stunde geschlagen hat. Wir versuchen nun, die Entrückung in diesen Abläufen richtig unter zu bringen. Das wird dadurch nicht einfacher, dass wir nur eine einzige Stelle der Heiligen Schrift haben, die ausdrücklich von der Entrückung der Gläubigen redet. Die Betonung liegt allerdings auf *ausdrücklich*; es gibt natürlich noch weitere Aussagen des Neuen Testaments, die direkt oder indirekt von der Entrückung reden. Im Alten Testament kommt die Entrückung naturgemäß gar nicht vor, denn bei der Entrückung geht es ja um die Gemeinde und nicht um Israel.

Der Wahrhaftigkeit halber müssen wir allerdings aber auch sagen, dass die meisten Stellen zunächst erst einmal schlicht von der Wiederkunft Jesu reden. Diese Aussagen werden dann soweit auf die Entrückung gedeutet, wenn man diese von der sichtbaren Wiederkunft Jesu nach der großen Trübsal unterscheidet. Damit sind wir aber bei einer ersten, ganz wichtigen Tatsache. Es gibt eine ganze Reihe von Stellen, die nicht zwischen einer sichtbaren und unsichtbaren Wiederkunft Jesu unterscheiden. Dadurch vermitteln sie zumindest vordergründig den Eindruck, als gäbe es nur eine Wiederkunft Jesu nach der großen Trübsal, die mit der Auferstehung der Toten und der Entrückung beginnt. Insbesondere gilt das meines Erachtens für 2. Thessalonicher 2,1f, da schreibt der Apostel Paulus: ***„Wegen der Wiederkunft unseres Herrn Jesus Christus und unserer Vereinigung mit ihm lasst euch nicht so schnell in eurem Verständnis erschüttern oder gar in Schrecken jagen, als wäre der Tag des Herrn schon da; denn es muss zuvor der Abfall kommen und der Mensch der Sünde geoffenbart werden, der Sohn des Verderbens."***

Offenbar war sowohl durch einen angeblich von Paulus stammenden Brief wie auch durch weitere Panikmache behauptet worden, der Tag des Herrn sei schon da. In Verbindung mit der Verfolgung, die die Gemeinde in Thessalonich erleiden musste, befürchteten die dortigen Christen, das endzeitliche Gericht Gottes mit der großen Trübsal auf dieser Erde habe bereits begonnen und sie hätten möglicherweise die Entrückung und erste Auferstehung verpasst. Da greift der Apostel Paulus ein und verweist darauf, dass vorher erst der Abfall kommen und der Antichrist offenbart werden muss. Für sich allein betrachtet, spricht diese Stelle dafür, dass die Entrückung zusammen mit der sichtbaren Wiederkunft Jesu erst *nach* dem Abfall und dem Offenbarwerden des Antichristen stattfindet. Sie wird von Vertretern dieser Sicht auch ganz entscheidend als wichtiges Argument ins Feld geführt. Man kann es tatsächlich nicht ganz einfach und hundertprozentig abweisen, dass es so sein könnte.

Als Vertreter einer Vorentrückung kann man sagen, da ist die unsichtbare Wiederkunft mit der Entrückung vom Tag des Herrn zu unterscheiden. Also die unsichtbare Wiederkunft und Entrückung ist die eine Sache, eine andere ist der Tag des Herrn. Entrückung und Wiederkunft gehen diesem Tag zwar voraus bzw. leiten ihn ein, sind aber nicht einfach mit ihm identisch. Der Hinweis darauf, dass vorher der Abfall und der Antichrist offenbar werden müssen, bezieht sich nur auf den Tag des Herrn, nicht aber auf die Entrückung. Man muss jetzt aber ehrlicherweise sagen: So steht es nicht da. So kann man es interpretieren und da kommen wir gleich nochmal drauf. Es besteht ein Unterschied zwischen dem, was da steht, und dem, was wir draus machen. Das müssen wir schon wahrhaftig unterscheiden und trennen.

Ein weiteres wichtiges Argument für die Entrückung am Ende der großen Trübsal und frühestens aus der großen Trübsal heraus ist die ganze Nennung von Heiligen, und solchen, die das Malzeichens des Tieres nicht angenommen haben, Märtyrer aus der großen Trübsal usw. Ich gehe an dieser Stelle auf das schon angedeutete Auslegungsproblem ein, das uns sehr deutlich auch bei den 144.000 und der anschließenden großen Schar der Gläubigen begegnet; siehe Offenbarung 7. Das Thema hatten wir im letzten Teil schon kurz angeschnitten. Etliche liebe Geschwister haben darauf hingewiesen, dass Fruchtenbaum, Liebi und andere das auch so sehen, dass die große Schar aus denen besteht, die nach der großen Trübsal durch den evangelistischen Dienst der 144.000 zum Glauben kommt. Jetzt muss ich sagen, das ist ja ganz schön, dass Fruchtenbaum, Liebi, Walworth und andere das so sehen. Ich schätze diese Ausleger ohne jeden Zweifel alle als gute Kenner der Heiligen Schrift. Aber wenn ich das höre, interessiert mich eigentlich nur eins: Wie belegen sie diese Ansichten biblisch? Dass sie das so sehen, ist ja ganz nett und schön, aber wo steht das geschrieben? Ich muss auch betonen, dass es ja nicht so ist, dass ich das nicht glauben will. Ganz im Gegenteil, denn im Moment tendiere ich noch zur Vorentrückung und fände das auch viel schöner. Wir müssen ohnehin schon genug Stress mitmachen und wenn dieser ein klein wenig abgekürzt wäre, wäre mir das sehr lieb. Es würde mir also ganz hervorragend in meinen theologischen Kram passen, wenn es so wäre. Aber, liebe Geschwister, gerade da, wo mir etwas in den eigenen theologischen Kram passen würde, gerade da muss ich besonders vorsichtig sein. Denn gerade da ist die Gefahr allzu groß, dass ich eine Bibelstelle so interpretiere, wie es mir in den Kram passt. Wir müssen eben bei der Auslegung immer zwei Dinge unterscheiden: Erstens, den biblischen Befund, was steht geschrieben? und zweitens, die Auslegung dessen, was geschrieben steht. Das ist in der Wissenschaft nicht anders und ein altbekanntes Problem. Man muss zwischen den Fakten und der Interpretation der Fakten unterscheiden. Jeder Wissenschaftler neigt ein Stück weit dazu, seine persönliche Interpretation der Fakten mit den Fakten selbst zu verwechseln bzw. gleichzusetzen. So neigt auch jeder Bibelleser, meist nicht mit böser Absicht, sondern unbewusst dazu, sein eigenes persönliches Verständnis eines Bibelworts mit dem tatsächlichen Befund zu verwechseln und gleichzusetzen. Dessen müssen wir uns bewusst sein und immer wieder kritisch nachfragen, ob das, was ich denke, verstanden zu haben, auch wirklich das ist, was da geschrieben steht, oder ist es das, was ich daraus gemacht habe.

Kommen wir auf die 144.000 und die große Schar, die aus der großen Trübsal kommt zurück. Allein die Tatsache, dass die große Schar im Anschluss an die Versiegelung der 144.000 erwähnt wird, lässt noch nicht die Schlussfolgerung zu, dass zwischen beidem geistlich ein kausaler Zusammenhang besteht. Das könnte man allenfalls als vorläufige Arbeitshypothese vermuten und formulieren. Man kann die Frage stellen: Könnte es sein, wenn die so nacheinander genannt werden, erst die Versieglung der 144.000 und dann die große Schar, dass die große Schar die Frucht der 144.000 ist? Wir können es nur vermuten. Um diese vorläufige Arbeitshypothese, eine Vermutung, in den Stand einer begründeten Theorie zu erheben oder gar als biblisch gesichert zu betrachten, müssten wir erstens biblisch nachweisen, dass ein missionarischer Dienst tatsächlich zum Auftrag der 144.000 gehörte. Zweitens, dass durch diesen missionarischen Dienst tatsächlich Menschen zum Glauben kommen, denn wenn das Evangelium verkündigt wird, heißt das noch lange nicht, dass es auch angenommen wird. Und drittens, dass diejenigen, die es angenommen haben, nun wirklich die sind, die durch die 144.000 zum Glauben kamen und mit der großen Schar identisch sind. Dann, wenn wir das alles überzeugend und biblisch nachgewiesen haben, dann können wir sagen: Bingo, wir haben es! Solange wir das aber nicht zweifelsfrei biblisch belegen können, dass während der großen Trübsal noch Menschen in großer Zahl zum Glauben kommen, haben wir ein Problem mit der Vorentrückung. Mir wurden zwar bisher viele Theorien und Behauptungen präsentiert, aber bisher fehlt mir noch der biblisch präzise Beleg dafür. Ich sage damit nicht, dass die Vorentrückung damit widerlegt und undenkbar wäre, aber wir haben dann das Problem, und das müssen wir auch ehrlich sagen: Wo kommen die Gläubigen in der Trübsal denn her, wenn die Entrückung der Gläubigen schon vor der Trübsal stattgefunden hat? Dann müssen wir erklären können, wo die auftauchen.

Die einzige Stelle, die ausdrücklich von der Entrückung redet, steht in 1.Thessalonicher 4,16-17: ***„Denn der Herr selbst wird, wenn der Befehl ergeht und die Stimme des Erzengels und die Posaune Gottes erschallt, vom Himmel herabkommen, und die Toten in Christus werden zuerst auferstehen. Danach werden wir, die wir leben und übrig bleiben, zusammen mit ihnen entrückt werden in Wolken, zur Begegnung mit dem Herrn, in die Luft, und so werden wir bei dem Herrn sein allezeit."*** Inhaltlich eindeutig, wenn auch ohne Verwendung des Begriffs, redet auch 1. Korinther 15,51-52 von der Entrückung. Der Apostel Paulus sagt: ***„Siehe, ich sage euch ein Geheimnis: Wir werden nicht alle entschlafen, wir werden aber alle verwandelt werden; und das plötzlich, in einem Augenblick, zur Zeit der letzten Posaune. Denn es wird die Posaune erschallen und die Toten werden auferstehen unverweslich, und wir werden verwandelt werden."*** Das ist der Augenblick, auf den wir uns vermutlich alle freuen. Hoffen wir, dass wir zu denen dazugehören, die nicht sterben, sondern die in einem Augenblick verwandelt werden. Paulus sagt: „in atomo"- in einem Atom.Wir kennen das ja von der Chemie. Bevor man die kleineren Bestandsteile des Atoms gekannt hat, war zunächst Atom das kleinste, unteilbare Element. In diesem Sinne wird es auch hier zeitlich verwendet: im kleinsten, nicht mehr teilbaren und winzigsten Augenblick werden wir verwandelt werden. Im Prinzip weniger als ein Fingerschnippen. Unglaublich, aber da freuen wir uns drauf.

Beide hier genannten Stellen enthalten einen Hinweis darauf, wann das geschehen wird; nämlich zur Zeit der letzten Posaune. Es kann kaum ein Zweifel bestehen, dass Paulus auch in 1. Thessalonicher 4 diese letzte Posaune meint. Welche Posaune ist jetzt aber genau damit gemeint mit dieser „letzten"? Spontan würde man an eine der 7 Posaunen der Offenbarung denken, denn das sind die Posaunen, die uns im Zusammenhang mit der Endzeit üblicherweise als erstes einfallen. Die Offenbarung wurde aber 40-50 Jahre nach dem Thessalonicherbrief geschrieben. Wenn nicht damals schon 40-50 Jahre vorher eine ähnliche Prophetie vorgelegen haben sollte, wovon uns allerdings nichts bekannt ist, dann scheiden die Posaunen der Offenbarung als Bezugspunkt aus.

Andere meinen, es wäre die letzte Posaune des jüdischen Posaunen- bzw. Neujahrsfests *Rosch ha-Schana.* Die Entrückung wird dann als Erfüllung des Posaunenfests gesehen.

Ich habe im Herbst, als diese Festzeit kam, viele Emails von Leuten bekommen, die sagen: Jetzt ist es soweit. Und ist dann das Posaunenfest zu Ende, sagten sie: Jetzt steht die Entrückung vor der Tür. In christlichen Kreisen, die sich ganz eng mit Israel verbunden fühlen, ist das eine ganz verbreitete Sicht. Im Alten Testament werden ja zu verschiedenen Anlässen Hörner oder Trompeten geblasen. In der Regel geht es da auch um den Ruf zur Versammlung oder zum Aufbruch. Inhaltlich könnte das also sehr gut passen. Eine konkrete Zuordnung scheint mir aber spekulativ. Es gilt meines Erachtens noch mehr für eine Gleichsetzung dieser Posaune mit der letzten Posaune im römischen Militärwesen, die auch zum Aufbruch bläst. Soweit ich sehe, legt sich die Bibel nicht nur selbst aus und nimmt auf innerbiblische Dinge Bezug. Gerade für dieses geistlich so wichtige Thema kann ich mir nicht vorstellen, dass die Bibel einen außerbiblischen Bezug als Grundlage nimmt. Diese Vermutung ist auch gar nicht notwendig, denn 1. Thessalonicher 4,16 gibt selbst einen Hinweis. Die Posaune, um die es da geht, zuvor in 1. Korinther 15 als letzte Posaune bezeichnet, wird hier als Posaune Gottes bezeichnet. Auf die stoßen wir auch in Sacharja 9,14: ***„Und der Herr wird über ihnen erscheinen und seine Pfeile werden ausfahren wie der Blitz, und der Herr, Herr wird die Posaune blasen und wird einhertreten wie die Wetter vom Mittag.“***

In der griechischen Septuaginta stehen in Sacharja 9,14 ganz identische Begriffe wie in 1. Thessalonicher 4,16. Also der Herr, Herr *selbst* wird die Posaune blasen. Das ist ein wichtiger Unterschied. Es ist kein Engel, der bläst, es ist der Herr selbst: die Posaune Gottes. Sacharja redet von der Zeit, in der der Herr Zebaoth, der Herr der Heerscharen öffentlich die Weltbühne betritt, um sein Volk vor seinen Feinden zu retten und auf dieser Erde das endzeitliche Friedensreich aufzurichten. Vier Verse vorher, in Sacharja 9,10 wird über diese Zeit gesagt: ***„Denn er wird Frieden lehren unter den Heiden und seine Herrschaft wird sein von einem Meer bis ans andere und vom Strom bis an der Welt Ende."*** Das entspricht ja vom Inhalt her genau den Texten zum 1000-jährigen Reich, die wir in den vorherigen Predigten zum Teil schon gehört haben. Die Entrückung wird damit eindeutig zeitlich im *Tag des Herrn* eingeordnet. Wobei damit eine nähere Einordnung innerhalb dieses Tages, der ja einen Zeitraum von mehreren Jahren umfasst, noch nicht gegeben ist. Es kann also durchaus ganz am Anfang, als Einleitung dieses Tages sein. Es dürfte aber, soweit ich im Moment sehe, eindeutig sein, dass diese *letzte* Posaune von 1. Korinther 15,51-52 identisch mit der Posaune Gottes aus 1. Thessalonicher 4,16-17 und Sacharja 9,14 ist. Das schließt sich dann auch insoweit mit der biblischen Logik, dass wir mit der Posaune einen klaren Zusammenhang zum Alten Testament haben. Erinnern wir uns: Die Schrift legt sich selber aus.

Im Blick auf die Wolken hat mich noch eine Frage bewegt. Ob die uns vielleicht einen weiteren Hinweis liefern? Nach 1. Thessalonicher 4,16f kommt Jesus zur Entrückung unsichtbar in den Wolken. Nach der Drangsal jener Tage aber kommt er gemäß Matthäus 24,30 sichtbar mit einem Zeichen des Menschensohns im Himmel, nun aber *auf* den Wolken mit großer Kraft und Herrlichkeit. Eine Herrlichkeit ist ja sichtbar; wenn es keiner sieht, ist es keine Herrlichkeit. Entsprechend sagt Jesus dem Hohepriester Kaiphas in Matthäus 26,64: ***„Künftig werdet ihr den Sohn des Menschen sitzen sehen zur rechten der Macht und kommen auf den Wolken des Himmels."*** Auch hier handelt es sich um eine sichtbare Erscheinung; er sitzt auf dem Thron Gottes, verbunden mit dem sichtbaren Kommen auf den Wolken. Da habe ich mich gefragt, deutet das an, dass Jesus *in* den Wolken, für die Welt unsichtbar, zur Entrückung kommt, aber *auf* den Wolken des Himmels, sichtbar für die Welt, am Ende der großen Drangsal? Ich hab mal nachgeschlagen und es wäre zu schön gewesen, um ganz wahr zu sein. Markus und Lukas halten diese Sprachregelung so nicht durch. Wir kommen hier über den Stand einer vielleicht begründeten These, aber einer noch nicht erwiesenen Aussage nicht hinaus. Insgesamt habe ich zwar schon den Eindruck, diese Details machen manches aus. Aber wir können es nur als Tendenz, nicht als ausnahmslose, eindeutige Tatsache festhalten.

Soweit für den heutigen Teil. Das waren nun einige grundsätzliche Hinweise zum Thema und soweit ich sehe, auch die wichtigsten Argumente, die eher für eine Entrückung zusammen mit der sichtbaren Wiederkunft Jesu am Ende der großen Trübsal sprechen. Im nächsten Teil werden wir die Argumente anschauen, die für eine Entrückung aus oder auch vor der großen Trübsal sprechen. Wer dann schlussendlich recht hat, werden wir ziemlich sicher spätestens dann sehen, wenn in Jerusalem ein neuer Tempel steht, die Opfer eingeführt wurden und die Entrückung noch nicht stattgefunden haben sollte. Ich hoffe nicht, dass es soweit kommt, sondern dass wir dann weg sind. Aber wie begründet diese Hoffnung ist, das wollen wir uns dann im Folgenden noch etwas genauer anschauen. Ich persönlich vermute, dass es bis dahin gar nicht mehr so lange dauern könnte. Vielleicht noch 10 Jahre, vielleicht auch nicht mal mehr 5 - wer weiß es? Ich persönlich, wie gesagt, hoffe und bete täglich darum, dass die Entrückung möglichst bald stattfindet. Stress habe ich in meinem Leben schon genug gehabt; mein Bedarf an Horror und Wahnsinn ist mehr als gedeckt. Ich würde mir den Rest des Wahnsinns viel lieber vom Himmel aus anschauen als mittendrin sein zu müssen. Jedoch der Herr macht es, so wie er es will, und nicht, wie ich es mir wünsche.

Wir sollten ohnehin jeden Tag geistlich auf die Begegnung mit den Herrn vorbereitet sein. Keiner von uns weiß, ob er diesen heutigen Tag überlebt. Man hat über solche Mahnungen schon gelacht und wenige Stunden später war es für denjenigen zu spät. Von uns sollte möglichst keiner zu denen gehören, der zu spät kommt. Das wünsche ich uns allen von ganzem Herzen. Amen.

Teil 10

Lukas 12,35-40:
„Eure Lenden sollen umgürtet sein und eure Lichter brennend; und seid Menschen gleich, die ihren Herrn erwarten, wenn er von der Hochzeit aufbrechen wird, damit, wenn er kommt und anklopft, sie ihm sogleich auftun. Glückselig sind jene Knechte, welche der Herr, wenn er kommt, wachend finden wird! Wahrlich, ich sage euch: Er wird sich schürzen und sie zu Tisch führen und hinzutreten und sie bedienen. Und wenn er in der zweiten Nachtwache kommt oder in der dritten Nachtwache kommt und sie so findet, glückselig sind jene Knechte! Das aber erkennt: Wenn der Hausherr wüsste, zu welcher Stunde der Dieb käme, so würde er wachen und nicht in sein Haus einbrechen lassen. Darum seid auch ihr bereit! Denn der Sohn des Menschen kommt zu einer Stunde, da ihr es nicht meint."

Wann wird die Entrückung sein?

Im letzten Teil haben wir einige grundsätzliche Überlegungen über die Bedeutung der richtigen zeitlichen Einordnung der Entrückung angestellt. Außerdem haben wir einige wichtige Argumente gehört, die für eine Entrückung *am Ende* bzw. *nach* der großen Trübsal sprechen könnten. Heute wollen wir uns den Argumenten zuwenden, die für eine Entrückung *aus* oder *vor* der großen Trübsal sprechen könnten.

Die Stelle, die wohl am deutlichsten für eine Entrückung aus der großen Trübsal spricht, damit wohl aber auch gleichzeitig gegen eine Entrückung am Ende der Trübsal, ist vor allem Offenbarung 7,9f. Dort sehen wir die ***„große Schar, die niemand zählen konnte, aus allen Nationen und Stämmen und Völkern und Sprachen; die standen vor dem Thron und vor dem Lamm, bekleidet mit weißen Kleidern."*** Einer von den Ältesten am Thron Gottes sagt dem Apostel, wer diese Schar ist: ***„Das sind die, welche aus der großen Drangsal kommen."***

Über diese Schar haben wir bereits im letzten Teil gesprochen. Wir kommen auch gleich noch darauf, warum innerhalb einer gewissen Logik die Entrückung spätestens zum Zeitpunkt stattgefunden haben sollte, an dem diese Schar am Thron Gottes ist. Eine zweite, ganz ähnliche Schar sehen wir in Offenbarung 15,2f: ***„Und die, welche als Überwinder hervorgegangen waren über das Tier und über sein Bild und über sein Malzeichen, über die Zahl seines Namens, standen an dem gläsernen Meer und hatten Harfen Gottes."*** Wichtig dürfte sein, dass sie Harfen haben. Warum? Das setzt eine Körperlichkeit voraus. Die Harfen schweben nicht irgendwo neben ihnen her, sondern die *haben* sie. Im Zweifel hat man Harfen in den Händen, und zwar in beiden, eine zum Halten und eine zum Zupfen. Es sind also keine körperlosen Seelen wie in Offenbarung 6,9; die Seelen am Fuß des Altars. Allerdings muss man auch sagen, dass bei einer solchen Thronschau nicht ganz klar ist, wie weit sie in die Zukunft voraus greift. Die Thronschauer stehen eigentlich immer am Anfang eines Abschnitts und schauen eben auch Dinge, die erst deutlich später geschehen werden. Bei dieser zweiten Schar aus Offenbarung 15 sind wir schon relativ weit hinten. Ansonsten müsste aber die erste Auferstehung samt Entrückung und Verwandlung in die himmlischen Herrlichkeitsleiber hier im Prinzip vorausgegangen sein. Der Ausleger Fritz Grünzweig, früher einmal ein bedeutender Mann in Baden-Württemberg gewesen, verortet hier die Entrückung kurz vor dem Ende der großen Trübsal und deren Höhepunkt mit den Schalengerichten.

Wenn wir jetzt mit dem Stichwort *körperlose Seelen* Offenbarung 6,9 weiter angucken, dann müsste das heißen, dass zumindest am Anfang von Offenbarung 6,9, als wir die körperlosen Seelen am Fuß des Altars noch sehen, die Entrückung noch nicht stattgefunden haben kann. Dann dürfte es diese körperlosen Seelen am Fuß des Altars nicht mehr geben. Sie hätten ja teilhaben müssen an der ersten Auferstehung und an der Entrückung. *Dann* aber werden sie mit weißen Kleidern angetan. Wie aber soll das geschehen, wenn sie noch nicht auferweckt wurden und wenn sie noch nicht ihre himmlischen Herrlichkeitsleiber haben? Kann eine körperlose Seele ein Kleid, oder wenn wir es wörtlich nehmen, eine weiß leuchtende Stola tragen? William Mc Donald meint deshalb, Wesen, die nur Geister sind, können keine Kleider tragen. Die Tatsache, dass diese Seelen weiße Gewänder anlegen konnten, spricht dafür, dass die Gläubigen nach ihrem Tod im Himmel zunächst vorläufige Leiber erhalten, die nach der Auferstehung durch verherrlichte Leiber ersetzt werden. Man kann darauf kommen, wenn man versucht, alles irgendwie unter einen Hut zu kriegen, was wir bei diesem Thema nicht schaffen. Es bleiben immer irgendwelche Fragen offen. Ich muss auch sagen, dieses Argument überzeugt mich nicht so ganz. Soweit ich mich erinnere, gibt es in der ganzen heiligen Schrift keine einzige Aussage, die davon redet, dass wir vorläufige Leiber zwischen der Auferstehung und der Entrückung bekommen würden. Also William Mc Donald muss sie irgendwo kreieren, damit er sie in sein System kriegt. Vielleicht habe ich auch eine Bibelstelle übersehen, aber mir ist keine bekannt. An diesem Thema sehen wir auch nochmal, dass jeder Ausleger bei diesem wirklich sehr schweren Thema irgendwo herumstochert. Das müssen wir aushalten. Unterm Strich müssen wir sagen, der eine stochert etwas besser, der andere etwas schlechter.

Meine Vermutung wäre, dass die Entrückung hier in diesen wenigen Versen, wo zunächst die Seelen noch körperlos am Fuß des Altars sind und dann mit weißen Kleidern angetan werden, tatsächlich stattfindet. Dieser Augenblick setzt dann eigentlich das angetan Werden mit diesen himmlischen Herrlichkeitsleibern, dem diese Kleider angezogen werden können, voraus. Hier ist der Fokus in einer sehr schmalen Perspektive aber nur auf diese Seelen gerichtet. Diese weißen Kleider, die den Seelen am Fuß des Altars in Offenbarung 6,11 gegeben werden, trägt auch die große Schar von Offenbarung 7 in den Versen 9, 13 und 14. Sie tragen auch die weiß leuchtenden Stolen. Das bestätigt wiederum, dass auch hier bereits die

Auferstehung und Entrückung stattgefunden haben müssen. Es müssen Leiber, die bekleidet werden können, da sein.

Missverständlich ist in Offenbarung 6,11 die Übersetzung, dass diese Seelen, nachdem sie die weißen Kleider und damit wohl auch einen Leib bekommen haben, ***„eine kleine Zeit ruhen"*** sollten. Diese deutsche Übersetzung „ruhen" hört sich so an, als ob sie noch auf die Auferstehung warten müssten, also im bisherigen Zustand ruhen. Das griechische Wort an dieser Stelle bedeutet aber nicht nur „ausruhen", sondern auch „Ruhe geben". Die Bedeutung dürfte hier eher „abwarten" sein, dass sie sich bis zum rechenden Gericht Gottes noch etwas gedulden müssen, ***"bis auch ihre Mitknechte und ihre Brüder vollendet wären, die auch wie sie getötet werden sollten."*** Das wären dann allerdings Mitknechte und Brüder, die erst noch zum Glauben kommen müssen. Wenn an dieser Stelle die Entrückung schon stattgefunden hätte, könnte es die auch nicht mehr geben.

Wir merken: Jeder Halbsatz ist hier von Bedeutung und da sind so viele Halbsätze, die nicht ganz nahtlos ineinander zu kriegen sind. Im Grunde kann aber auch die große Schar in Offenbarung 7, die aus der großen Trübsal kommt, nur dann weiße Kleider tragen, wenn die Auferstehung samt der Entrückung eben schon stattgefunden hat. Ansonsten wären sie noch im körperlosen Zwischenzustand und da wäre es mit den weißen Kleidern ect. schwieriger. Weitere Stellen können für eine Entrückung vor als auch aus der großen Trübsal gedeutet werden. So auch Offenbarung 19,7-10, wo wir vor der sichtbaren Wiederkunft Jesu die Braut des Lammes im Himmel sehen - angetan mit der feinen Leinwand der Gerechtigkeitstaten der Heiligen. Dieser Abschnitt ist meines Erachtens ein sehr wichtiges Argument für eine Entrückung vor dem Ende der großen Trübsal.

Wir haben bezüglich der Zuordnung der ersten Auferstehung, verbunden mit der Entrückung sowie andererseits der sichtbaren Wiederkunft Jesu, ein mehrfaches Grundproblem. Zum Teil habe ich schon darauf hingewiesen; ich rufe es uns aber nochmal in Erinnerung. Es gibt keine Stelle, die ausdrücklich sagt, dass die erste Auferstehung, verbunden mit der Entrückung, deutlich *vor* der sichtbaren Wiederkunft stattfindet. Wir haben zweitens aber auch keine Stelle, die sagt, dass es nicht so sei. Es scheint allerdings so zu sein, und das ist nochmal ein wichtiges Argument, dass keine der Stellen, die von der sichtbaren Wiederkunft bald nach der Drangsal jener Tage redet, auch von der ersten Auferstehung und der Entrückung redet. Außer in Thessalonicher reden alle Stellen entweder vom einen oder vom anderen Ereignis; keine Stelle meint zugleich beide Ereignisse. Das spricht dafür, dass es eben doch zwei, durch deutlichen Abstand getrennte Geschehen sind.

So etwa Matthäus 24,31. Der Abschnitt beginnt mit Vers 29: ***„Bald aber nach der Drangsal jener Tage*** (Wir sind hier also eindeutig bei der sichtbaren Wiederkunft Jesu, *nach* der Drangsal jener Tage) ***(...) und er wird seine Engel aussenden mit starkem Posaunenschall und sie werden seine Auserwählten sammeln von den vier Windrichtungen her, von einem Ende des Himmels bis zum anderen."*** Es ist hier aber, und ich denke, das ist wichtig, *nicht* von der Entrückung und nicht von der Auferstehung die Rede, sondern es geht um eine Sammlung der Überlebenden und Gläubigen der großen Trübsal bei der sichtbaren Wiederkunft des Herrn. Wir müssen uns aber bewusst sein, dass diese Aussagen immer Schlussfolgerungen einer Auslegung sind und nicht das, was ausdrücklich geschrieben steht. Das muss uns bei diesen Auslegungen auch demütig machen. Es sind Schlussfolgerungen, die man mit einer gewissen Logik ziehen kann, und andere ziehen sie mit einer gewissen Logik vielleicht ganz anders.

Kommen wir damit zu zwei Argumenten, die mit sehr viel Gewicht für die Vorentrückung vorgetragen werden, die mich aber nur sehr begrenzt überzeugen. Häufig wird auf Aussagen wie 1. Thessalonicher 5,9 hingewiesen: ***„Denn Gott hat***

uns nicht zum Zorngericht bestimmt, sondern zum Besitz des Heils durch unseren Herrn Jesus Christus." Das ist vielleicht eines der wichtigsten Argumente der Vorentrückung überhaupt. Das wird auf jeden Fall immer mit ganz massiver Wucht ins Feld geführt. Dabei übersieht dieses Argument von vornherein den Gegensatz, der hier entscheidend ist: *Zorn* gegen *Heil*. Der Gegensatz ist aber nicht *Zorn* gegen *nicht leiden müssen*. Wenn das der Gegensatz wäre, würde das Argument stimmen. Bei den ganzen Stellen, die zum Stichwort Zorn, aufgeführt werden, den wir um Jesu Willen nicht mehr erleiden müssen, geht es nach meiner Erkenntnis mehr oder weniger ausnahmslos nicht um irdische Trübsal oder über die Zorngerichte Gottes über die endzeitlich gottlose Welt, sondern um den ewigen Zorn, der dem ewigen Heil in Jesus gegenübersteht.

Diese beiden Dinge darf man nicht miteinander verwechseln. Ich denke, und das sage ich auch schon lange, wenn ich diesem Argument begegne, es ist das typische Argument einer westlichen Wohlfühl- und Wohlstandsgesellschaft. Es ist auch das Argument eines westlichen Wohlstands- und Wohlfühlchristentums. Das ist kein Tadel, denn da gehöre ich ja selber mit dazu. Wir sind, einschließlich meiner Person, in der sehr komfortablen Lage gewesen, dass echte Verfolgung um unseres Glaubens Willen für uns, bis auf wenige Ausnahmen, ein Fremdwort war. Der Gedanke nach so vielen Jahren eines doch recht bequemen Christseins, dass nun am Ende der Zeit eine schreckliche Not und furchtbare Verfolgung über uns kommen könnte, lässt viele schnell in solchen Gedanken Zuflucht suchen. Dann wird in diesem Zusammenhang auf den Trost verwiesen, etwa in 1. Thessalonicher 4,18: ***„So tröstet euch."*** Die Entrückung könnte ja kein wirklicher Trost sein, wenn sie uns vor den Nöten der Endzeit nicht verschont. Ein solcher Gedanke lässt tief blicken über die Verfasstheit einer solchen Einstellung. Dass der Trost auch in der fröhlichen Gewissheit liegen könnte, dass wir zwar durch diese Nöte hindurch müssen, unser Herr und Heiland Jesus Christus uns aber in diesen Nöten und durch diese Nöte hindurch bewahrt, wird in dieser Einstellung offenbar nicht mehr für möglich gehalten. Da sehen wir, wie tief dieses verwöhnte Wohlfühldenken sich da in das christliche Denken „hineingefressen" hat. Das ist fatal. Trost und Hoffnung sucht man dann nur noch in der Vermeidung von Not und nicht im Durchhalten und durch die Not getragen werden. Teilweise wird in Verbindung mit diesem Argument dann regelrecht gelästert über die, welche nicht an die Vorentrückung glauben und deshalb angeblich *„jetzt in Panik geraten, da ihnen gesagt wurde, dass sie zumindest eventuell bald für 3 ½ Jahre in die Trübsal gehen.*[12]*"* Also da wird wirklich spöttisch gelästert und spöttisch gesagt: *„Ja, ja, die können es gar nicht erwarten, auch leiden zu dürfen, während wir, die Vorentrücker, doch wissen, dass wir uns gemütlich im Sessel zurücklehnen können und die Trübsal an uns vorüber geht, weil wir ja schon vorher entrückt werden."*

Es gibt Argumente für die Vorentrückung, aber das zählt nicht dazu und ist eine geistlich völlig verquere Einstellung und Haltung. Durch welche Not mussten unsere Glaubensgeschwister seit 1400 Jahren in islamischen Ländern gehen? Das muss ich hier wohl nicht weiter ausführen. Welche Trübsal, welche Not und Verfolgung mussten und müssen Christen seit 100 Jahren in kommunistischen und sozialistischen Staaten erleben? Den Christen, die das mitmachen mussten, kämen solche Gedanken nicht einmal von ferne. Unter diesem allgemeinen Hinweis auf die Stichworte Zorn und Trost überzeugen mich diese Argumente also überhaupt nicht.

Man könnte allenfalls unter einem anderen Stichwort über diesen Gedanken nachdenken. Das habe ich auch getan, nämlich unter dem Stichwort „Drangsal Jakobs". Da wird auch von Auslegern darauf hingewiesen. Jeremia 30,7: „Wehe, denn groß ist dieser Tag, keiner ist ihm gleich und eine Zeit der Drangsal ist es für Jakob, aber er wird aus ihr errettet werden." Dass für Jakob im Sinne von Israel, dem Volk Gottes, vor seiner Wiederherstellung eine Zeit großer Not und furchtbarster Zornge-

[12] Zitat aus dem Internet

richte Gottes kommt, ist Inhalt vieler Prophetien und damit auch völlig unzweifelhaft. Ob man daraus allerdings schließen kann, dass diese Trübsal ausschließlich für Jakob bestimmt ist und die Gemeinde in keiner Weise, auch nicht indirekt, davon betroffen sein wird, kann ich diesen Aussagen nicht entnehmen. Israel wurde ja von den 10 Plagen Gottes über Ägypten zumindest teilweise auch betroffen. Auch wenn die Israeliten von manchen Plagen ausgenommen waren, so waren sie doch bis einschließlich der 10. und letzten Plage immer mittendrin. Um diesem Argument Gewicht zu verleihen, müsste man nachweisen, dass der Begriff „Drangsal Jakobs" wirklich ein Terminus technicus für eine spezielle Zeit ist, die ausschließlich Israel gilt. Ebenfalls müsste nachgewiesen werden, dass mit dem Zorn Gottes auch die irdischen Zorngerichte gemeint sind und nicht der Zorn Gottes zur ewigen Verdammnis. Weiter müsste nachgewiesen werden, dass es nur dann ein Trost ist, wenn wir *vor* der Not, nicht aber *in* der Not oder *durch* die Not bewahrt und gerettet werden. Wenn wir in und durch die Not gerettet werden, dann geht es dabei auch nicht in erster Linie um ein äußeres Bewahrt- und Gerettetwerden, sondern um ein geistliches. Welchen Trost und welche Hoffnung sollten sonst Märtyrer haben, die in der Not umkommen, wenn Trost und Hoffnung im wesentlichen nur in der äußeren Rettung bestünden? Denken wir dabei auch an andere, die um ihres Glaubens willen unerlässliches Leid ertragen müssen.

Und damit sind wir bei einem weiteren Argument in diese Richtung, nämlich den Verweis auf Offenbarung 3,10. Da sagt Jesus seiner Gemeinde in Philadelphia: ***„Weil du das Wort vom standhaften Ausharren auf mich bewahrt hast , werde auch ich dich bewahren vor der Stunde der Versuchung, die über den ganzen Erdkreis kommen wird, damit die versucht werden, die auf Erden wohnen."*** Wörtlich steht hier „ek" – die griechische Präposition „aus" der Stunde der Versuchung. Vertreter der Entrückung *aus* der großen Trübsal sehen sich dadurch bestärkt, denn „ek" ist tatsächlich die Präposition, die sehr präzise beschreibt, dass man aus etwas heraus genommen wird, in dem man bis dahin drin steckt. Vertreter der Vorentrückung argumentieren dagegen, dass diese Präposition in Verbindung mit dem Verb „bewahren" nur heißen kann: „vor etwas bewahren", und zwar im Sinne einer räumlichen und zeitlichen Distanz. Sie meinen, dass „Bewahren *vor* der Stunde der Versuchung" deshalb nur heißen kann, dass die Gemeinde nicht in die Stunde der Versuchung hinein kommt. Da z.B. Roger Liebi die Stunde der Versuchung konsequent von der großen Trübsal unterscheidet und die Stunde der Versuchung der ersten Hälfte der 70. Jahrwoche zuordnet, ist für ihn Offenbarung 3,10 ein sehr stichhaltiger Beweis für die Vorentrückung. Demnach solle also die Gemeinde schon vor der Stunde der Versuchung und damit schon vor der 70. Jahrwoche entrückt werden. Zur Begründung weisen er und andere auf die einzige Stelle im Neuen Testament, in der diese Formulierung „bewahren aus" nochmal vorkommt. Es gibt nämlich nur zwei Stellen, in denen diese Formulierung vorkommt. Das ist Johannes 17,15, das sogenannte hohepriesterliche Gebet Jesu. Da bittet Jesus den Vater für die Seinen: ***„dass du sie bewahrst vor dem Bösen."*** Hierzu wird argumentiert, dass wir ja logischerweise, im Sinne einer klaren Distanz, vor dem Bösen bewahrt werden sollen und nicht im Bösen und durch das Böse hindurch müssten. Das Böse sei ja nichts, wo sich die Christen aufhalten und mittendrin sein sollten. Soweit klingt das ganz logisch und das macht es auch so schwer, aber wenn man genau hinguckt, hat es dann doch einen kleinen Harken. Die ganze Bitte Jesu lautet eben nicht: *„Ich bitte dich, dass du sie vor dem Bösen bewahrst, indem du sie aus der Welt heraus nimmst."* Wenn die Bitte Jesu in diesem Zusammenhang so lauten würde, dann wäre das ganz ohne jeden Zweifel ein ganz starkes Argument für eine Entrückung vor der Stunde der Versuchung. Aber wer die Bibel ein bisschen im Kopf hat, der weiß, dass die Bitte Jesu ganz anders lautet. Jesus bittet den Vater ausdrücklich: ***„Ich bitte nicht, dass du sie aus der Welt nimmst, sondern dass du sie bewahrst vor dem Bösen."*** Jesus bittet also um eine Bewahrung seiner Gemeinde *vor* dem Bösen, *in* einer Welt des Bösen. Ich dachte dabei an zwei weitere

Stellen der Heiligen Schrift. So sagt Jesus in Matthäus 10,16: ***„Ich sende euch wie Schafe mitten unter die Wölfe."*** Mitten unter Wölfen ist für Schafe nicht der Ort, an dem sie sich pudelwohl fühlen und an den sie automatisch unter dem Stichwort „Bewahrung" denken würden. Dennoch bewahrt Jesus sie. Das zweite Wort, an das wir auch denken müssen, lesen wir in Psalm 23,5: ***„Du bereitest vor mir einen Tisch im Angesicht meiner Feinde."*** Darum geht es!

Liebe Geschwister, ich denke, das ist ein Punkt, den wir für uns und unser Denken wieder ganz neu und wichtig machen müssen. ***„Du bereitest vor mir einen Tisch im Angesicht meiner Feinde."*** Wir dürfen uns von den Feinden und der Not nicht schrecken lassen. Auch wenn wir es alle miteinander viel schöner fänden, wenn die Feinde ganz weit weg sind; am besten hinter fünf Hügeln versteckt, so dass wir gar nichts von ihnen hören und sehen. Aber so schön und harmlos ist das Leben nicht immer. Wir müssen uns wieder darauf einstellen, dass wir uns von ihnen auch nicht schrecken lassen, wenn wir hautnah von ihnen umgeben sind. Aber mitten im Angesicht der Feinde, wir mögen ringsum von ihrem Brüllen und Toben umgeben sein, bereitet Jesus uns einen Tisch. Auch dort sind wir in seiner Hand und er ist an unserer Seite. Was für eine Zusage und was für ein Bild! Genau das ist ja auch das eigentliche biblische Motto: Nicht dass der Herr die Seinen aus der Gefahr herausnimmt, was uns allen viel lieber wäre. Das macht er auch manchmal. Vor allem aber macht er es so, dass er uns mitten in der Gefahr bewahrt; das auch nicht immer äußerlich, aber immer geistlich. Er bewahrt uns immer so, dass wir nicht zuschanden werden; immer so, dass wir unser Heil und ihn nicht verlieren; immer so, dass wir das Ziel der Ewigkeit erreichen. Das ist letztlich das Einzige, worauf es ankommt. Ich kann deshalb keinen, zumindest keinen zwingenden Grund erkennen, warum wir *vor* der Versuchung, nicht mitten *in* der Versuchung bewahrt sein könnten. Zumal die Versuchung, griechisch „peirasmós", ein ganz selbstverständlicher Bestandteil der Jesusnachfolge ist, sowohl im Sinne von Prüfung und Läuterung wie auch im Sinne einer von Gott kommenden Versuchung über den, der bereits verstockt ist und darum auf seinen verkehrten Wegen umso fester beharrt.[13] Eine Prüfung unseres Glaubens, indem der Herr uns schwere Wegstrecken führt und auch manchmal lange schweigt, gehört zur Jesusnachfolge als verbindlicher Bestandteil dazu. Nirgends steht geschrieben, dass das Leben mit Jesus ein Ponyhof wäre. Paulus hat das so nicht erlebt, die übrigen Apostel auch nicht, fast alle sind als Märtyrer gestorben. Das ist der geistliche Normalfall, den wir verwöhnte westliche Christen allerdings vorwiegend aus Märtyrer-Legenden ect. kennen.

Dennoch sehe ich eine Reihe von wichtigen Argumenten für die Vorentrückung sprechen.

Erstens: die 70. Jahrwoche und die Zeit der Gemeinde. Überzeugt hat mich vor Jahren, als ich den Hinweis von Dave Hunt gelesen habe: Wenn mit der 70. Jahrwoche der Herr seine Geschichte mit seinem Volk Israel fortsetzt, dann dürfte vorher die Zeit der Gemeinde zu Ende gehen - als Einschub zwischen der 69. und 70. Jahrwoche. [14] Aber auch da haben wir wieder einen kleinen Haken, denn man kann diesen Gedanken auch gegen die Vorentrückung verwenden. Paulus schreibt in Römer 11,25: ***„Blindheit ist Israel zum Teil widerfahren, so lange, bis die Fülle der Heiden eingegangen ist.“*** Wir wissen auch, dass die Blindheit erst in dem Augenblick aufgehoben wird, wenn der Herr sichtbar wiederkommt und sie sehen, in welchen sie gestochen haben. Wenn bis dahin erst die Fülle der Heiden eingegangen ist, dann sieht das nochmal ganz anders aus. Wenn während der großen Trübsal noch welche aus den Heiden zum Glauben kommen, heißt das auch, dass bis dahin die Fülle der Heiden *noch nicht* eingegangen ist; und dann haben wir ein echtes Problem. Wir sehen auch, dass wenn wir es uns nicht zu einfach machen wollen, müssen wir ganz viele Bibelworte in ihrer Vielgestaltigkeit und vielfachen Aussage ernst nehmen. Lukas 21,24 sagt: ***„Und sie werden fallen***

[13] Siehe Predigt „Führe uns nicht in Versuchung“ / Orientierung Nr. 44

[14] In der 2. Predigt dieser Reihe bin ich auf dieses Stichwort schon eingegangen.

durch des Schwertes schärfe und gefangen geführt werden unter alle Völker und Jerusalem wird zertreten werden von den Heiden, bis der Heiden Zeit erfüllt ist." Soweit erst einmal alles wunderbar, aber wenn wir Offenbarung 11,2 dazu lesen, wird alles wieder viel schwieriger: ***„Aber den Vorhof, der außerhalb des Tempels ist, lass aus und miss ihn nicht, denn er ist den Heidenvölkern übergeben worden und sie werden die heilige Stadt zertreten 42 Monate lang."*** Demnach ist die Zeit der Heiden erst am Ende der großen Trübsal erfüllt. Dennoch, auch mit diesen spannungsvollen Punkten hat das Ganze mit der 70. Jahrwoche was für sich.

Zweiter Punkt: Christus kommt bei der Entrückung *für* seine Heiligen und nicht *mit* seinen Heiligen. Ich denke, das ist ein wichtiger Aspekt. Man kann zwar versuchen, das in zwei unmittelbar aufeinander folgende Akte ein und desselben Geschehens zu deuten; es ist allerdings, wie ich schon gesagt hatte, so, dass die jeweiligen Texte eigentlich immer nur entweder vom Einen oder vom anderen reden. Bis auf maximal 2. Thessalonicher, gibt es keine Stelle, die von beidem redet.

Drittens: die Plötzlichkeit. Jesus kommt wie ein Dieb in der Nacht. Die Bibel sagt allenfalls, und da sind wir auch nochmal bei 2. Thessalonicher 2,1-3, dass vor der Entrückung der Abfall der Christenheit und das Offenbarwerden des Antichristen kommen muss, wenn man diese Zeichen nicht nur auf den Tag des Herrn, sondern auch auf die Wiederkunft und die Entrückung bezieht. Ansonsten verknüpft die Bibel mit der Wiederkunft Jesu kein bestimmtes Ereignis, das vorher eintreten müsste. Die Bibel redet vor allem davon, dass wir wachsam und jederzeit vorbereitet sein sollen. Matthäus 24,42: ***„So wacht nun, da ihr nicht wisst, in welcher Stunde euer Herr kommt."***

Alle konkreten Zeichen, die vorausgehen müssen, stehen, soweit ich es sehe, im Zusammenhang mit der sichtbaren Wiederkunft unseres Herrn. Dieses Argument, dass wir jederzeit mit der Wiederkunft unseres Herrn rechnen müssen, war für mich immer schon das vielleicht stärkste Argument für die Vorentrückung überhaupt. Denn es steht vielleicht nicht in einem zwingenden Widerspruch, aber doch in einer deutlichen Spannung zu einer Entrückung, der das Offenbarwerden des Antichristen mit dem Malzeichen des Tieres usw. voraus geht; und das dann ja wohl nicht um mehr als 3 ½ Jahre. Wenn der Antichrist erst einmal seine Maske hat fallen lassen, das Gräuel der Verwüstung an heiliger Stätte steht und die Menschen das Malzeichen des Tieres annehmen müssen, dann muss anhand der biblischen Angaben ja eigentlich jeder Christ wissen, dass es jetzt noch maximal 3 ½ Jahre gehen kann. Dann würde aber das Moment der Plötzlichkeit der Berechenbarkeit weichen. Das ist und bleibt für mich daher eines der wichtigsten Argumente für die Vorentrückung.

Viertens: Ein weiteres Argument für die Vorentrückung ist: ***„der es aufhält, muss aus dem Weg sein."*** Das ist auch eine der Stellen, um die immens gerungen, diskutiert, gerätselt und teils gestritten wird. Manche Vertreter der Vorentrückung sagen, dass zuvor in 2. Thessalonicher 2,3 nicht vom Abfall, sondern vom Abschied die Rede sei. Sie deuten diesen Abschied auf die Entrückung. Das dürfte mit hundertprozentiger Gewissheit falsch sein, denn der hier in Griechisch stehende Begriff „apostasia" ist *der* Fachbegriff für den Glaubensabfall schlechthin und wird als solcher auch bei uns als Fremdwort verwendet.

Eine zweite verbreitete Deutung vertritt die Auffassung, dass 2. Thessalonicher 2,7 üblicherweise falsch übersetzt sei. ***„Nur muss der, welcher jetzt zurück hält, erst aus dem Weg sein."*** Richtig müsse aber übersetzt werden, nicht dass etwas aus dem Weg geräumt werde, sondern dass etwas aus der Mitte heraus entsteht. Tatsächlich sind die beiden Verse 6 und 7 hier nicht leicht zu übersetzen. Das entscheidende Verb heißt „werden, entstehen, auftreten". Es hat also eine breitere Bedeutung. Es gehe tatsächlich um das Offenbarwerden des

Geheimnisses der Gesetzlosigkeit und des Antichristen in der Mitte der Gemeinde bzw. aus ihr heraus. Dieser Deutung kann ich mich aus mehreren Gründen nicht anschließen. Das griechische Wörterbuch sagt schon, dass die Formulierung *ek mesou genetei* die Bedeutung von „aus der Mitte wegschaffen" hat. Es geht ja immer wieder auch um Redewendungen, die einen bestimmten Begriff haben. Hier scheint die Bedeutung klar zu sein und es würde auch vom Zusammenhang anders keinen Sinn ergeben, denn Vers 6 sagt: ***„Denn ihr kennt das jetzt Zurückhaltende bis zu seinem Offenbarwerden zu seiner Zeit."*** In Vers 7 lesen wir: ***„Das Geheimnis der Gesetzlosigkeit wirkt schon allein bis der jetzt Zurückhaltende aus der Mitte getan wird."*** Da sind sich im Grunde auch alle Übersetzer einig. Es geht schon darum, dass jemand aus der Mitte getan wird, der bis jetzt zurückhält. Auch wenn es im Detail schwierig zu übersetzen ist, so ist die Grundaussage doch klar. Damit ist das Problem aber noch nicht gelöst, sondern fängt eigentlich erst richtig an. Es stellt sich nämlich die Frage: Wer ist denn gemeint mit dem „der zurückhält" und aus der Mitte getan werden muss?
Häufig wird auf das römische Recht bzw. auf das römische Reich verwiesen, das auch in einer bösen Welt noch eine gewisse Stabilität verleiht. Aber heidnisches Recht kann nie eine wirksame Kraft gegen das geistlich Böse sein, um das es hier letztlich geht. Mich hat diese Deutung deshalb nie überzeugt.

Sehr bedenkenswert dagegen ist der Hinweis von Theodor Fuhr, dem früheren Leiter der Philadelphia Buchhandlung in Reutlingen, der mit anderen Auslegern auf die Tatsache hinweist, dass nach Daniel 10,13 der Erzengel Michael vom Dämonenfürst von Persien 21 Tage lang aufgehalten wird. Da haben wir jetzt tatsächlich den Vorgang, dass in der unsichtbaren Welt einer den anderen aufhält. Diese Deutung hat die Stärke, dass sie einen klaren biblischen Bezug hat. Allerdings erscheint mir die Formulierung „aus der Mitte getan" für einen Engelsfürsten Gottes, der mit einem Fürsten der satanischen Welt kämpft, fraglich. Dann müsste ja tatsächlich der göttliche

Engelsfürst entweder vom satanischen Dämonenfürsten überwunden oder von Gott zurückgepfiffen worden sein, um der Gesetzlosigkeit den Weg frei zu machen. Das erscheint mir in sich vom Bild und von den Formulierungen her nicht stimmig. Ich neige deshalb mit der Mehrheit der Ausleger dazu, dass der bzw. das Zurückhaltende tatsächlich der Heilige Geist und sein Wirken in der Gemeinde Jesu sein dürfte. Ich betone aber auch hier noch einmal ausdrücklich: Es steht nicht da! Es ist eine exegetische Schlussfolgerung.

Fünftens: der jüdische Hochzeitsritus. Darauf wird von Auslegern vielfach hingewiesen und das hat ohne Zweifel auch was für sich. Jesus verbindet ja selbst im Gleichnis von den klugen und törichten Jungfrauen sein Kommen mit der Heimholung der Braut durch den Bräutigam zur Hochzeit. Wenn der Bräutigam aber kommt, um seine Braut zu holen, dann bleibt er eben nicht am Wohnort der Braut oder kehrt dorthin (auf die Erde) zurück. Stattdessen kehrt er mit ihr in sein Haus, von dem er gekommen ist, zurück - nämlich in das Haus des Vaters im Himmel. Exegetisch reizvoll ist jetzt der Gedanke, dass das 7-tägige Hochzeitsfest während der 70. Jahrwoche stattfindet. Das würde von der Zeitdauer wunderbar passen. Ich habe mich aber gefragt, ob es geistlich passt. Passt es, dass Jesus mit seiner Braut im Himmel Hochzeit feiert, während auf der Erde die antichristliche Trübsal tobt? Es wäre sicher auch ein beeindruckender Kontrast im Sinne von Psalm 23,5: ***„Du bereitest vor mir einen Tisch im Angesicht meiner Feinde.“*** Nur meine geistichen Emotionen fühlen sich bei dem Gedanken nicht so recht wohl. Der Herr feiert, während sich auf der Erde das satanisch Böse austobt und gelitten und gestorben wird? Letztlich bleibt es Spekulation, ob das Hochzeitsfest während der großen Trübsal im Himmel oder zu Beginn des 1000-jährigen Reichs auf der Erde stattfindet.

Sechstens, und das ist der letzte Punkt zu diesen Gedanken: ***„die auf Erden wohnen.“*** Diese Formulierung begegnet uns in Offenbarung 3,10, im Vers über die Stunde der Versuchung, den wir schon angeschaut haben. Jesus sagt da: ***„… werde auch ich dich bewahren vor der Stunde der Versuchung, die über den ganzen Erdkreis kommen wird, damit die versucht werden, die auf Erden wohnen.“*** Als ich das immer wieder mal gelesen habe, hat diese Formulierung „die auf Erden wohnen“ auf mich den Eindruck gemacht, dass es sich hier tatsächlich, anders als bei der Drangsal Jakobs, um einen Terminus technicus für eine ganz bestimmte Personengruppe handeln könnte. Deshalb habe ich da mal weiter nachgeschaut und nach Stellen gesucht, wo diese Formulierung noch auftaucht. Sie taucht noch ein paarmal auf, z.B. in Offenbarung 6,10. In anderem Zusammenhang haben wir diese Stelle auch schon mal angeschaut; es ging um die Seelen der Märtyrer am Fuß des Altars. Sie rufen: ***„Wie lange, oh Herr, du Heiliger und Wahrhaftiger, richtest du nicht und rächst nicht unser Blut an denen, die auf der Erde wohnen.“*** Da haben wir wieder exakt den gleichen Begriff, auch im Griechischen. Rächen kann man ja eigentlich nur die Bösen und Gottlosen. Also verdichtet sich die Vermutung, dass die Formulierung „die auf der Erde wohnen“ ein Fachbegriff für die Gruppe der Gottlosen ist.

Entsprechend ruft der Engel mit der 4. Posaune in Offenbarung 8,13: ***„Weh, weh, weh denen, die auf der Erde wohnen, wegen der übrigen Posaunenstößen der drei Engel, die noch in die Posaune stoßen sollen.“*** Ebenso lesen wir in Offenbarung 11,10: ***„Weil diese zwei Propheten diejenigen gequält hatten, die auf der Erde wohnen.“*** Der Begriff „die auf der Erde wohnen“ scheint tatsächlich die 144.000 und die Gläubigen, die gegebenenfalls noch auf der Erde sind, auszuschließen. Offenbarung 14,6: ***„Und ich sah einen anderen Engel inmitten des Himmels fliegen, der hatte ein ewiges Evangelium zu verkündigen denen, die auf der Erde wohnen; und zwar jeder Nation, jeden Volksstamm, jeder Sprache, jedem Volk.“*** Auch das ist wichtig, denn „Erde“ ist ja in der Offenbarung häufig ein Bild für Israel. Das Land kann an dieser Stelle nicht gemeint sein, denn es sind ausdrücklich alle Nationen, Volksstämme und Sprachen genannt. Weiter lesen wir in Offenbarung 17,8:

„Das Tier, das du gesehen hast, war und ist nicht mehr und es wird aus dem Abgrund heraufkommen und ins Verderben laufen, und die auf der Erde wohnen, deren Namen nicht geschrieben stehen im Buch des Lebens von Grundlegung der Welt an, werden sich verwundern, wenn sie das Tier sehen, das war und nicht ist und doch ist.“ Also wenn diese Formulierung tatsächlich, was ich auf Grund der genannten Stellen vermute, die Gläubigen ausschließt und nur die gottlosen Bewohner der Erde bezeichnet, dann würde das dafür sprechen, dass die Gemeinde vor der Stunde der Versuchung tatsächlich schon weg ist. Tatsächlich kommt diese Gruppe nur negativ und unter dem Gericht Gottes und seiner zwei Zeugen stehend vor und erscheint im Zusammenhang mit der Stunde der Versuchung das erste Mal.

Ich weiß, das war jetzt anstrengend, aber so komplex und anstrengend ist das Thema und ich muss ehrlich sagen: Ich bin froh, dass ich damit nun einigermaßen durch bin. In den letzten Wochen hat auch mein Kopf manches mal ganz ordentlich gequalmt. Dabei ist das alles nur ein Teil und man könnte sicherlich noch sehr viel mehr dazu bedenken.

Ich fasse zusammen:

Im letzten Teil habe ich einige Argumente für eine Entrückung am Ende der großen Trübsal genannt; heute einige für eine Entrückung aus und vor der großen Trübsal. Dabei haben wir gesehen, es gibt wenige Argumente, die man wirklich mit zwingender Notwendigkeit in eine bestimmte Richtung haben kann. Summa summarum neige ich aus den genannten Gründen zu einer Entrückung *vor* der großen Trübsal, wobei ich auch dazu sagen muss, vor der großen Trübsal ist in meinen Augen alles, was *vor* den letzten 3 ½ Jahren stattfindet. Das ist im eigentlichen Sinne ja auch *die* große Trübsal. Eine Entrückung innerhalb der ersten Hälfte der 70. Jahrwoche ist in meinen Augen eher eine Variante der Vorentrückung, ob man die in der großen Trübsal nun in der ersten Hälfte sieht oder ganz vor der 70. Jahrwoche. Ich denke, es gibt heilsgeschichtliche Überlappungen und die Zeit der Gemeinde kann in die 70. Jahrwoche hineinreichen, wie wir gesehen haben: ***„bis die Fülle der Heiden eingegangen ist.“***

Zu diesem Gedanken könnte sehr gut passen, dass die Entrückung da am Anfang der 70. Jahrwoche stattfindet, weil Jesus in Lukas 12,35 und 40 mahnt und warnt. Das ist mir zum Schluss auch für uns alle noch ein ganz wichtiger Hinweis. Jesus sagt in Lukas 12,35 und 40: ***„Eure Lenden sollen umgürtet sein und eure Lichter brennend, darum seid auch ihr bereit (...), denn der Sohn des Menschen kommt zu einer Stunde, da ihr es nicht meint.“*** Ich weiß nicht, ob da nur ein ganz allgemeiner Sinn dahinter steckt oder ob Jesus nicht eher eine ganz bestimmte Aussage damit macht. Es ist zunächst mal beides: eine sehr ernste Mahnung zur Wachsamkeit und eine ganz ernste Warnung, dass Jesus wahrscheinlich gerade dann kommt, wenn die Wachsamkeit der meisten wieder nachgelassen hat. ***„Da ihr es nicht meint“*** - das griechische Wort für „meinen“ hat die wesentliche Bedeutung von „scheinen, den Anschein haben.“ Das heißt, Jesus wird kommen, wenn es eben gerade *nicht* den Anschein hat und die Schar der Gläubigen gerade *nicht* meint, dass er jetzt gleich kommt. Genau dann wird er kommen. Insgesamt wirken diese Mahnungen auf mich so, dass Alarm gerufen worden war: „Der Herr kommt!“ Viele, die grundsätzlich zeitnah mit der Wiederkunft des Herrn rechnen, waren in Hab-Acht-Stellung und schauten z.B. gespannt auf die Blutmonde der Jahre 2014 und 2015. Was gingen da mit diesen Blutmonden an Gerüchten, Meinungen und Auslegungen durch die Christenheit! Ich halte sie nicht für völlig bedeutungslos, aber man darf sie auch nicht überinterpretieren. Oder was war da für eine Erregung über das Sternzeichen am 23. September 2017, das durchaus Ähnlichkeiten mit Offenbarung 12 hatte! Selbige Aufregung entstand auf das Ende eines jüdischen Neujahrsfests oder auf sonst ein tatsächlich oder auch nur vermeintlich deutliches Zeichen oder Ereignis.

Nachdem eine solche Phase vorbei ist, nachdem wieder allgemeine Ruhe und Entspannung eingekehrt ist und viele denken: „Wieder einmal falscher Alarm!“ - genau dann wird er kommen! Eine exakt solche Zeit könnte zumindest in einem Teil der 70. Jahrwoche sein, soweit ich das bisher überschaue. Vorausgegangen sind weltweite heftige Turbulenzen, welche die Welt über Jahre in Atem gehalten haben. Das erinnert mich an genau die Zeit, in der wir heute leben, und die Ereignisse, die wahrscheinlich direkt vor uns liegen. Alle haben jahrelang gespannt nach oben geschaut, gefragt und gerufen: ***„Herr, wie lange noch?“*** Und dann ist der Antichrist in Macht und Herrlichkeit aufgetreten, mit Zeichen und Wunder und hat das Unglaubliche geschafft: Er hat Frieden und Wohlstand geschaffen. An diesen weltweiten Frieden, vor allem im Nahen Osten mit Israel, glauben in diesen Tagen vor allem Esoteriker und vielleicht auch viele Charismatiker. Er hat die Jerusalem-Frage gelöst und insbesondere viele Israelfreunde sind außer sich vor Begeisterung darüber, dass das Volk Gottes auf dieser Erde endlich Frieden findet und im Tempel seinen Gott anbeten darf. Vermutlich kehrt dann tatsächlich für eine kurze Zeit eine Phase des Friedens, der Ruhe und des Wohlstandes ein. Das von vielen sehnsüchtig erwartete *goldene Zeitalter*, das z.B. von Alois Irlmaier und vielen anderen vorhergesagt wurde, ist da. Überall rufen die Menschen: „Frieden, Sicherheit, Wohlstand“ und auch die aufgewachte Christenheit lehnt sich nach Jahren exorbitanter (gewaltiger) Anspannungen und Belastungen, in denen sie monatlich und fast täglich auf die Entrückung gewartet hat, wieder zurück und denkt: „Jetzt ist er doch nicht gekommen.“ Als sie sich zurücklehnen, sind auf einmal viele weg und die Entrückung war da. Sie geschah in einem Augenblick, in dem nur wenige mit ihr gerechnet haben.

Ich denke es ist wichtig, dass wir vor Augen haben, dass nicht automatisch diejenigen bereit sind, die ständig in einem aufgeregten Alarmzustand sind, sondern diejenigen, die in unaufgeregter, nüchterner, aber ständiger Wachsamkeit sind. Eine große Gefahr eines übertriebenen, endzeitlichen Alarmismus ist, dass man die Menschen immer wieder mit falschem Alarm aufscheucht und Spannkraft sowie Aufmerksamkeit dann verbraucht sind, wenn es drauf ankommt. Wir sollen aufmerksam, aber soweit möglich doch bitte auch entspannt bleiben.

Als zweiter Gedanke ist mir zum Schluss noch wichtig, dass wir auch auf Kampf, Leiden und Versuchung vorbeireitet sind. Es ist eine ganz große Gefahr der Vorentrückung, auf die auch viele Kritiker mit berechtigtem Ernst hinweisen, dass es geistlich ganz schnell fatal werden kann, wenn wir uns auf eine Jesusnachfolge ohne Trübsal und Verfolgung einstellen. Die Mahnung des Wortes Gottes geht ins Gegenteil! Sie sagt z.B. in der Apostelgeschichte 14,22, dass wir durch <u>*viele*</u> Bedrängnisse ins Reich Gottes hineingehen müssen. „Bedrängnis" ist die wörtliche Bedeutung des griechischen Wortes, das oft mit „Trübsal" wiedergegeben wird. Es müsste eigentlich Bedrängnis heißen – Enge. Nicht ohne guten Grund hat Theo Lehmann[15], der den meisten unter uns ein Begriff sein dürfte, schon im Jahr 2004 festgestellt: *„Wir sollten die Atempause benutzen, um uns auf Zeiten vorzubereiten, in denen Christsein nicht mehr geil, sondern gefährlich ist. Was wir brauchen, sind bibelfeste und notfalls auch feuerfeste KZ-fähige Christen."* Diese Worte haben in der frommen Wohlfühlchristenheit natürlich zu furchtbarer Aufregung geführt, aber er hat absolut Recht. Es wird nicht alle von uns mit völliger und restloser Begeisterung erfüllen, aber der Märtyrertod dürfte in der Zeit der großen Bedrängnis eher das normale, als das ausnahmsweise Lebensende für Jesusnachfolger sein. Auch wenn ich guter Hoffnung bin, dass die Entrückung vor der großen Bedrängnis stattfindet, ist damit noch lange nicht gesagt, wie viel Not, Bedrängnis und Trübsal dieser Zeit vorausgeht. Auf diese Zeit müssen wir geistlich und geistig vorbereitet und gewappnet sein. Also nehmen wir in die vor uns liegende Zeit unbedingt mit, dass wir auch in Not und Bedrängnis vorbereitet sind und auf unseren Herrn aufsehen, mit dem Bild vor Augen: ***„Du bereitest vor mir einen Tisch im Angesicht meiner Feinde."***

---

[15] Theodor Lehmann (29.5.34 in Dresden); dt. evang.-luth. Pfarrer, Jugendevangelist, Buchautor; klare Verkündigung, gewürzt mit viel Humor

Ich bete mit uns:

Lieber himmlische Gott und Vater, Herr, wir danken dir dafür, dass wenn auch viele Fragen in diesem komplexen und schwierigen Thema offenbleiben, so ist das Entscheidende doch klar: Du bist bei uns! Egal was kommt, egal wie schlimm es für deine Gemeinde noch wird, bevor du zur Entrückung der Gemeinde kommen wirst, danke, dass du an unserer Seite bist. Du umgibst uns von allen Seiten, hältst deine Hand über uns und bereitest einen Tisch für uns im Angesicht unserer Feinde. Danke dafür, dass wir uns von ihnen nicht schrecken lassen und fürchten müssen; sie können uns das Wesentliche, den Siegeskranz, das ewige Heil und ewige Leben, nicht nehmen. Darauf schauen wir. Danke dafür, dass unser Zeugnis - ein Zeugnis der Gelassenheit und Ruhe - in einer Welt voller Furcht, Panik und Unruhe noch gebraucht wird. Schenke uns durch deinen Heiligen Geist auch Segen und Vollmacht, um die Dinge sehr klar zu sehen, aber auch ansprechen zu können. Herr, du hilfst uns dabei, dass wir gerade als Christen nicht in diese Panikmache hineingeraten; weder was Corona und den ganzen Coronaterror anbelangt noch was die Fragen der Endzeit betrifft. Durch dein Wort können wir in etwa wissen, welche Trübsale da kommen, aber wir wollen vor allem das Ziel vor Augen haben und wissen, dass du uns durchträgst, begleitest und bewahrst. Freude, Trost und Zuversicht - das soll das sein, was die Menschen um uns her an uns sehen, spüren und uns glaubhaft und wahrhaftig abnehmen können. Das schenke uns durch deinen Heiligen Geist.

Ich bitte dich für alle, die das Wort auf diese oder jene Weise hören, dass sie im Aufsehen auf dich, unseren Heiland und Erlöser, mit uns gesegnet und gestärkt sind. Ich bitte dich für unsere Kranken und die vielen Einsamen; für diejenigen, die Menschen verloren haben, gesundheitlich geschädigt oder psychisch belastet sind. Ich bitte dich für jene, die existenziell besorgt sind oder deren Existenz durch diesen ganzen Wahnsinn zum Teil auch schon vernichtet wurde. Ich bitte dich für all die Menschen, die heute schon durch viel Not und Elend gehen müssen. Lass sie doch alle Trost, Hoffnung und Heil in dir finden. Ich bitte dich für unser ganzes Volk und Vaterland und alle Verantwortlichen, dass doch noch viele zur Besinnung kommen mögen und den Mut finden, nicht am Unrecht mitzumachen. Bitte lasse doch, soweit es noch möglich ist, wieder Wahrhaftigkeit einkehren. Du, lebendiger Gott und Herr, magst es schenken. Amen.

Anhang

Die Predigtreihe liegt im Predigtarchiv der Webseite **www. efk-riedlingen.de** auch als Audiodatei vor

Teil 1 29.03.2020 Lukas 21,20-28
Die Erfüllung biblischer Prophetie Teil 1

Teil 2 26.04.2020 Zephanja 3,8-20
Israels zeichenhafte Bedeutung

Teil 3 03.05.2020 Hesekiel 37,21-28
Am Ende der Tage

Teil 4 17.05.2020 Matthäus 24,3-14
Die Erfüllung biblischer Prophetie Teil 4

Teil 5 21.06.2020 Matthäus 24,15-28
Der Gräuel der Verwüstung

Teil 6 17.01.2021 Offenbarung 19,17-20,3
Das 1000-jährige Reich

Teil 7 24.01.2021 Jesaja 65,17-25
Leben wie im Paradies

Teil 8 31.01.2021 Daniel 9,26f
Die 70. Jahrwoche

Teil 9 07.02.2021 1.Thessalonicher 4,13-18
Die Bedeutung der zeitlich richtigen Einordnung der Entrückung

Teil 10 14.02.2021 Lukas 12,35-40
Wann wird die Entrückung sein?